中國設計美學史

先秦時期至隋唐五代

王權社會×南北分化×胡漢融合

從史前的審美意識到設計美學觀

彭聖芳 著

以造物設計的美學思想史為切入點，從器物的審美形態著手，
探討特定時代的審美觀念，以及特定條件下的審美意識。
一個社會的審美經驗，會凝結出什麼樣式的藝術成果？

崧燁文化

目錄

目錄

導言

　　設計，作為一種與人類生活息息相關的創造性活動，伴隨著「製造工具的人」的產生，即已產生。在中華大地上，從原始社會滿足生存需求的簡單工具和用具的製作，到階級社會滿足多層次需求的各種造物，再到受到西方工業革命影響後的現代設計興起，直至今天資訊化社會中呈現的「物質」與「非物質」交織存在的全新面貌，漫長的歷史進程已經讓今天的設計與最初判若雲泥。

　　舊石器時代考古的成果為我們提供了最早的人工製品的形態，在山西丁村、峙峪，陝西藍田，雲南元謀，湖北長陽，廣東馬壩……北起黑龍江畔，南到雲貴兩廣，西起青藏高原，東抵黃海之濱，200多處舊石器時代文明遺址的發現顯示，在以採集和狩獵為生產方式的原始生活中，先民創造了以打製石器為主的生產工具。打製石器種類少、形態較為粗糙，顯示了原始先民已基本掌握石料特點和打製成形的方法。隨後，在生產勞動中逐步改進，先民開始把經過選擇的石頭打製成石斧、石刀、石鏟、石鏟、石鑿等更為多樣的工具，並加以磨光，使其工整鋒利，有的還要鑽孔以裝柄或穿繩，即為「新石器」。在新石器時代，創造和使用這些更為精細的石器，顯示人類具有了更清晰的審美意識、更細膩的美感和對材料、造型和裝飾更強的控制能力。除工具製作之外，舊石器時代的先民發現有些石

導言

材質地堅硬，具有獨特的色彩、紋理與光澤，於是用以製作裝飾品，或祭祀神靈的禮器，稱之為「玉」。至新石器時代晚期，玉器大量用於裝飾、禮器（法器）、工具、武器，製玉技術相當成熟。從紅山文化和良渚文化的玉器中可以看到，鑽孔、磨光、淺浮雕、線刻等造型裝飾手法已運用嫻熟。從石器來看，原始先民已能由心而手的塑造一定的形體，使之適應特定生產或生活需求。這些工具作為有意識的物化物件，展現了功能性與形式感的統一。從玉器來看，原始先民不僅在取材、造型和裝飾上顯示出清晰的審美意識和細膩的美感，而且，透過其創造的各種並非服務於現世生活需求的器物及形象，更反映出精神需求和觀念信仰在早期設計中即占有了一定位置。

新石器時代晚期，陶器的發明是人類首次透過化學變化來改變材料特性並進行創造的活動。1962 年，在江西萬年縣仙人洞出土了距今兩萬多年的陶器殘片，是中國目前發現最早的陶器資料。「神農耕而作陶」，陶器的發明及廣泛使用也顯示，以採集和狩獵為生的原始先民逐漸告別了居無定所的生活方式，而選擇了農耕和定居。隨後，冶銅、冶鐵、編織與髹漆技藝相繼被發明、使用在生產、生活和禮儀中，階級社會和國家制度同時逐漸成形。更多生產製造技藝的掌握意味著社會分工，「百工」作為手工業者和手工業行業的總稱，也確立了位置。商代以青銅器為家國重器，西周時期的青銅禮器、兵器、日用

器蔚為大觀，春秋時期的鐵製工具、農具、兵器和日用器品類俱全。至漢代，製陶、冶銅、煉鐵、織繡、髹漆等手工技術，已透過設計緊密的結合人們的生產生活需求，表現在工具、農具、兵器、日用器、家具、服飾、舟車、建築等製作領域。東漢晚期，青瓷的燒製成功又是一大進步。魏晉南北朝時期，瓷器已逐漸取代陶器、漆器、青銅器，成為人們普遍使用的日常器物。此外，伴隨著與域外文化的交流，還出現了金銀器和玻璃器。隋唐時期北方出產白瓷、南方盛行青瓷，形成「南青北白」的格局，金銀器、銅器、漆木器、玻璃器皆發展為日常用器。瓷器在宋代的發展前所未有，工藝日趨完備，名窯遍及南北，產品遠銷海外。元代漆器在前代累積上臻於完善，並出現了銅胎掐絲琺瑯器物；棉紡織技術及工具由海南傳入。因為代代累積和傳承，傳統手工藝品類和技術在明清兩代達到了高峰，服務於衣、食、住、行、用的物質產品極大豐富，在各門類完備的基礎上分工更趨精細，名匠輩出、藝臻絕詣。近代以後，東、西洋舶來品夾帶著機器文明的生產方式和價值觀，一度使傳統社會中的手工藝造物設計體系受到較大衝擊。然而，在新的社會生產方式穩定下來之後，長久以來為生產生活提供產品的傳統工藝各行業，幾經調整也逐漸明確了位置。

　　從先秦的「百工之術」到今天的現代設計，從本質上來說都是一種人類有目的的創造性活動，是「按照美的規律來為人

導言

造物」[01] 的過程，具有不曾斷裂的內在延續性和傳承關係。設計思維上表現的同一性，可以給我們最直接的認知：原始人類製作石器時已有了明確的目的性，造物的目的性表現為「預先設想」，預先設想是設計的基礎。[02] 從語源上看，「設計」對應的英文「Design」一詞來源於義大利語「Desegno」，在 15 世紀前後，它被解釋為「藝術家心中的創作意念」，其定義是「以線條的手法來具體說明那些早先在人的心中有所構思、後經想像力使其成形，並可借助熟練的技巧使其現身的事物」，強調建立計畫、進行構思和繪製草圖。儘管在原始工具製造中，沒有現代設計規範的平面圖或模型，但器物製作者大腦中，對形態和實現過程的構想是必然存在的。今天我們在為「設計」定義的時候，無一例外的強調事先的「構想」和「構思」，顯示造物活動的前提是設計思維，造物活動是在目的和計畫控制下的活動。此外，從原始至當代，形式美感的建立、繼承和超越，工藝技術的傳承和挪用，設計樣式的繼承和創新，都能夠為中國傳統工藝造物活動在歷史進程中，描繪出一條條清晰而連貫的線索，並指向今天的設計。

01　「動物只是按照牠所屬的物種的尺度和需求來造型，但人類能夠按照任何物種的尺度來生產，而且能夠到處適用內在的尺度到物件上去；所以，人類也按照美的規律來造型。」（馬克思：《馬克思恩格斯文集》第一卷，人民出版社 2009 年版，第 163 頁。）

02　所謂預先設想，就是事先在大腦中形成設計物件的具體形象，以及實現這一造型的方法和程序，然後在完成平面圖或模型的過程中加以修改使之完善，最終可以交付下道工序實施。（諸葛鎧：《圖案設計原理》，江蘇美術出版社 1991 年版。）

從原始社會第一件粗陋的石器，到今天豐富多樣的物質世界，器物的歷史發展具體而鮮活。那麼，過往人們持何種造物設計的審美觀念和價值取向，人們對造物成果及活動的認知如何，其所構成的知識體系應該被如何描述，其與器物的發展呈現何種關係，這無疑是今天我們應該了解並深思的問題。先秦典籍《考工記》開篇即說：「國有六職，百工與居一焉」，「知者創物，巧者述之，守之世，謂之工」。這是最早的關於設計主體及其活動的記述。春秋諸子在闡發社會理想和人生體悟之際，對造物設計的原則、理想和價值各有精彩論說。統一的秦漢勵精圖治，相較於生產實踐，設計思想和美學觀的闡發較少，但仍顯示出明顯的儒學特點。魏晉時期戰爭頻仍、社會離亂，西來的佛學在中國交融流播，南北民族文化互通又分異，帶來了生活方式和設計審美趣味的混雜與多變，儘管崇尚清談而較少立文字，其設計美學觀念在器物中還是有強烈的投射。強盛的隋唐開放而包容，造物不僅材料擴充、門類大增，而且設計題材和風格也擁有了廣闊的空間，對設計價值的認知逐漸甦醒。宋元社會生產力提升，士人階層崛起並打通了「道」「器」之間的關係，有理學特點的設計美學觀對造物設計影響至深。明代造物全面繁榮，及至中晚期，設計呈現形式多樣、品格各異，引起廣泛的美學爭論和價值批評。清代造物設計集前代之大成，前期強調經世致用、頗多總結性典籍，後期受早期

導言

工業文明衝擊，很大程度上接受了工業社會的理念……實用美術品的物品及其創造活動，其內涵的審美觀念和取向，更有可能接近時代的普遍性。正如有學者說，「幾乎每一件工藝美術品的面貌都至少與某個階層的需求、好尚一致，都反映出相當程度的普遍性，所蘊含的共同性遠遠大於特殊性，與講究獨創，可以『寫心』、可以『自娛』的詩文、繪畫截然不同。工藝美術總在表現著時代的共同審美精神。」[03] 更直接的呈現時代共同的文化面貌和審美觀念，也是造物設計美學課題研究的重要價值。中國古代設計美學的研究，一方面可以以造物設計的美學思想史為切入點和研究對象，另一方面可以從器物的審美形態入手，發現特定時代的審美觀念或特定條件下的審美意識。前者要透過思想史研究「確認那個社會的審美理想究竟達到什麼樣的邏輯水準，後者……要從實證的角度，發現一個時代的審美活動究竟展現為何種類型的物質形態，即要以描述的方式，來證實一個社會的美感經驗究竟凝結為什麼樣式的藝術成果」[04]。本書將循著歷史的主線，從美學思想的角度來呈現中國傳統設計發展歷程中的成果，也從審美觀念和審美意識的角度，來品味中國傳統設計的特質並體察其動因。

03　薛永年、趙力、尚剛：《中國美術史（五代至宋元）》，中國人民大學出版社 2014 年版，第 253 頁。

04　陳炎主編：《中國審美文化史‧先秦卷》，山東畫報出版社 2000 年版，第 1—2 頁。

第一章
先秦時期的設計美學

第一章　先秦時期的設計美學

　　先秦，指中國古代秦以前的歷史時代，起自遠古人類產生，直至西元前 221 年秦始皇統一六國為止。具體包括史前社會從原始群居時代到氏族社會，進入階級社會後，則經歷了夏、商、西周，以及春秋、戰國等歷史階段。在沒有文字記載的史前社會和王權社會早期，伴隨著石器和陶器的製作，人類建立了最初的審美意識；而能稱其為設計美學思想的，則要晚至商周。尤其是在西周以後的春秋戰國時期，由於社會分工、階級分化和國家制度的完備，較為成熟的手工業體系建立起來，並有工官負責管理。也正是此時，出現了中國歷史上第一部以手工業設計製造的技術、方法、標準和原則為內容的典籍《考工記》。同時，在當時百家爭鳴的文化背景下，諸子在闡發社會理想、人生體悟和宇宙哲學之際，對造物設計的原則、理想和價值也各有精彩論說，形成了造物設計美學思想表達的小高潮。

第一節
史前社會：設計審美意識的萌芽和建立

　　在考古學上，史前社會存在舊石器時代與新石器時代兩個階段。舊石器時代在距今約 250 萬年至 1 萬年的階段，是以使用打製石器為標誌的人類物質文化發展階段。中國境內發現最早的舊石器文化遺址有距今約 100 萬年前的西侯度文化、元謀人石器、匼河文化、藍田人文化以及東谷坨文化；中晚期文化

遺址則越來越多，迄今發現近 300 處。早期石器都是手持器，石核與刮削器為多，晚期文化遺物更加豐富，技術有明顯進步，採取錘擊、砸擊、石砧等方法，更有斧形器、尖狀器、刀形器、石砧器、鑽器等遺存。新石器時代是以使用磨製石器為標誌的人類物質文化發展階段。中國大約在 1 萬多年前進入新石器時代，並出現了陶器；西元前 7000 年至前 5000 年，華北的磁山文化等已有較發達的旱地農業，種植稻、粟、黍，養豬，並有較發達的磨製石器和陶器；新石器時代晚期彩陶文化高度發達，末期由於掌握了冶銅技術，出現了短暫的「銅石並用」的歷史階段。

到目前為止，人類在地球上經歷的最漫長的時代就是舊石器時代。在以狩獵和採集為生存方式的條件下，舊石器是人類造物的最初形態。當史前人類打製一件石器時，最強烈的意識是實用目的。何為「實用」？對於一件用於投擲、切割或研磨的手持器，具體的說，就是一方面要便於手掌掌握，另一方面要具有一定的尖銳度。從現存遺物來看，這種一端保留相對圓滑便於掌握，而另一端擊打成尖銳形狀的製作法，在各文化遺存中高度一致。也就是說，雖然早期打製石器具有相對的隨機性，但實現功能的目的引導了原始設計思維以一種合理、科學的方式來實現目的、解決問題。在打製石質工具的過程中，人的視覺和觸覺官能逐步形成相對獨立的心理因素，人類的形式感開始被培養出來，為審美意識的萌芽打下了基礎。而技術上

第一章　先秦時期的設計美學

也逐步累積著經驗、探索著方法，能採用石片剝離技術獲得更豐富的材料。隨著打製技術的進步，越來越多石器還經過「二次打製」成型，即先砸擊出大略的形態，再透過二次加工得到更為準確、細膩的形態。「例如北京人製作的『尖狀器』，由於曾對器物兩側進行過仔細的修理，使得它的整體的外輪廓呈現出頗為悅目的近於對稱的三角形造型。」[01] 在長時間的摸索中，一些合理易用的器型會穩定下來，被反覆大量製作並呈現出標準化的意味。舊石器時代晚期，打製技術高度發達，石器精細化的趨勢更為明顯。這時期的石器及骨角器都走向精緻，如距今約 28,000 年前的山西峙峪文化遺址出土的扇形石核、小石葉、小石刀和大量指甲蓋狀刮削器，小巧而鋒利，被稱為「細石器」；細石器和骨角器的製作中，壓製法和磨製技術初步發展，如石鏃用壓製法製出的鏃尖和薄而鋒利的邊緣，且造型兩側對稱。距今約 34,000 年至 27,000 年前的山頂洞人的骨針，針體細長光滑、針孔清晰整齊，製作工藝水準都很高了。整體來看，對製作技術和材料的不斷探索與發現，使得在舊石器時代晚期，石器工具的製作趨向精細、類型更加豐富、形制更為規則，而與之相應的，今人形式美標準中的形態和材料的美的特徵也慢慢突顯出來。在舊石器時代，儘管物質化的實用功能仍是打製石器的第一要義，但也具備了一定程度上的精神意義。

01　楊泓：《美術考古半世紀》，文物出版社 1997 年版，第 6 頁。

在製造和使用工具中透過視覺、觸覺感受帶來的快感促發了美感的萌生。或者可以說，製造和使用工具時的快感和美感是相互依存的，舊石器是承載快感和美感的混合體，也是物質和精神的混沌體。

作為標誌新石器與舊石器差別的磨製技術，最早產生在舊石器時代晚期的一些細小骨角類工具和裝飾物中。其對骨角材料使用刮削和磨製的方法進行精細的加工，相對石器磨製難度較低，也是小件器物製作的必然需求。重要的是，這對新石器的磨製產生了啟發。磨製技術運用在石器製作上之後，大量功能清晰明確、形態規則、工藝技術較高的器物隨即出現，甚至有的磨光的石體使得石材的天然紋理得以更好展現，幾乎接近我們今人標準中的工藝品。新石器時代早期的裴李崗文化距今約 8,700 年至 6,800 年，出土的石質農具和糧食加工工具（石鐮、石磨盤）形態與功能的吻合度相當高，且表面磨光；西元前 3500 年至 2800 年左右屬新石器時代晚期的薛家崗文化，石器打磨、拋光和定位鑽孔技術達到相當高的水準，石刀、石鉞、石鏟很有代表性，其中多孔石刀最具特點。一般以奇數孔為主要特徵，器體扁薄，整體呈橫向長梯形，刀的刃部較直或略內凹。石器工具經過先打製後磨製的加工，不僅實用，而且在形態的規則性、表面的光潔度、材質肌理的凸顯度方面，已經開始超出實用需求，表現出相當明確的審美意識，形式因素逐漸具備相對獨立的價值。製作石器過程中，史前人類作為器

物創造主體，愈加深刻的體會到人的本質力量的強大和豐富性，也逐步提高了技巧，這正是一個訓練感受形式美的眼睛、創造形式美的雙手所必備的條件。「如果說第一件舊石器的誕生是人類創造活動的第一個里程碑，那麼，新石器的誕生則是它的又一個里程碑，一個為美而創造的里程碑。」[02]

的確，在新石器時代的造物活動中，一種明確的、自覺的對美的追求建立了起來。這種審美意識的建立在彩陶製作中表現得尤為清晰。新石器時代高度發達的彩陶，在造型和紋飾兩方面反映了超功能的美的自覺表現，大量實用陶器造型對稱、曲線自然、比例恰當、紋飾有序，前所未見的豐富的器型如平底缽、平底盆、膨腹罐、細頸瓶等展現出根據不同的生活需求進行的創造；各式各樣用於裝飾的直線、曲線、波折線、漩渦線，方形、圓形、三角形、菱形、齒帶形展現出明確的幾何認知能力和數理意識；各種描繪魚、蛙、鳥、鹿、豬、羊等動物的紋樣顯示出在模仿之上的抽象能力；部分仿動物、人形的器物利用相對簡單的手法卻能夠達到形神兼備的效果。彩陶的高度成就說明在新石器時代中晚期，人對美感的追求已經表現出相當的自覺性，並能夠用適合的技術手法與之互相搭配。可以說，現代設計中「技術與藝術的統一」和「實用和審美的統一」的原則，在中國新石器時代的彩陶器物中，已經於生產生活的

02　諸葛鎧：《圖案設計原理》，江蘇美術出版社 1990 年版，第 58 頁。

自然進程中無意識的走向了完善。彩陶是中華大地上的原始人類邁進文明門檻的物證，也是整個人類文明史上具有重要的劃時代意義的創造和發明。先民們無意識創造出的仿生寫實、象徵表意的造型和裝飾表現手法，恰如其分的彰顯了早期人類在從懵懂走向開化過程中，濃厚的生命意識和蓬勃向上的朝氣。在階級社會尚未成型、宗教意識也暫未以壓迫性的方式施加於人類的時代，彩陶顯示出一種熱烈明朗、富有童真的氣息和自由的美的追求。以至於有學者認為，「人類後來的所有物質文明的創造，幾乎都可以從陶器的製作和發明中找到源頭或靈感」[03]。從設計的角度來看，彩陶的器型與功能、紋樣與觀念、裝飾與審美的高度契合，的確以最完美的方式呈現了「按照美的規律為人創造」的造物理想。

第二節
王權社會：從設計審美意識到設計美學思想

　　西元前 2070 年至前 1600 年的夏代，是中華大地上第一個建立起國家政權的專制社會時期。在此之前，人類以氏族部落為單位聚眾群居，儘管部落首領也在某種程度上對其他成員行使著管理、教化的權力，但部落內部的生產、生活基本建立

03　林少雄：〈人類審美文化的永久魅力：彩陶文化對華夏文明的影響初探〉，《文藝研究》2001 年第 6 期。

第一章　先秦時期的設計美學

在民主和自由的關係上，宗族意識、血緣意識的影響大於王權意識和等級意識。就在多部落並存於華夏大地之時，夏部落作為最強大的部落，透過征戰逐漸確立了對周邊其他部落的管轄權，並形成部落聯盟。「古大禹之時，諸侯萬國」，就是指確立王權的禹對多個方國行使統治權。從禹確立王權以後，夏代共經歷了 17 世君主，並且確立了分封制和世襲制。保障和象徵政權的軍隊、刑律和都城也趨於完善。雖然夏是歷史上第一個王權國家，但從國家形態來講，專制集權和等級制度尚未形成。真正將王、方國和部族緊密聯合而形成等級森嚴的宗法制王權國家和階級社會的歷史進程，是在商代得以完成的。從早期兼併、滅夏的武力征伐、建立政權，到後期對外對內的強權統治，商代存續的 600 多年，典型的呈現了王權時代從國家體制到政治體制的特點，尤其是商代統治者藉神權強化王權的措施，顯示出宗教意識在王權時代的特殊地位，並深刻影響了當世的文化。西元前 11 世紀末，周武王滅商建周。相較於商代，周代在血緣宗法制上更為穩定清晰，同時發展和推行一整套禮制來鞏固和完善社會制度；但自西元前 770 年，周平王遷都洛邑開啟「東周」時代後，周代王權由盛轉衰。東周諸侯稱霸、相互攻伐，在思想文化領域卻衝撞激發出了一批立場鮮明、哲思深邃、各具特點的英才，造就了百家爭鳴的文化奇觀。整體來說，夏、商、周三代實行的是以君主為核心的王權專制和以分封貴族為主的政體，其中，夏、商、西周是王權時代特徵最為

明顯的時期，而東周時期，這種政治體制逐步被瓦解。因此，典型的王權時代是夏、商與西周。

　　夏、商、西周三代的造物設計承續新石器時代而來，但又有諸多新的成果和特點。

　　夏代陶器和玉器的工藝繼承了新石器時代的成果，在造型和裝飾上多有發展。陶器出現灰陶和黑衣陶，河南偃師二里頭、山西夏縣東下馮、內蒙古夏家店以及山東岳石地區所出土的大量灰陶，既有日常生活用器，也有作為祭祀與權力象徵的宗教禮儀用器。夏代陶器的造型和裝飾風格開始有了地方性特點，不同遺址的陶器遺存，展現出各自相對獨立的地方類型。青銅器的冶鑄也在夏代出現，二里頭遺址的青銅作坊不僅出土了一批青銅器物，而且還有銅渣、銅塊、坩堝和坩堝殘片，以及陶範、陶芯、木炭等一些冶鑄工具。與新石器時代的自由渾樸、明朗熱烈之風不同，夏代器物設計更多流露出主體的生命意識和社會意志；一方面，「觀物取象」的設計思維方式，表現了自然萬物投射於創作主體心靈的過程，讓設計製作者更真切的感受到自身存在與實踐的力量；另一方面，尊奉天命、重視祭祀促成禮器的出現，為神權與王權合一的社會形態奠定了基礎，是典型的王權社會形成過程中社會意志的投射。

　　商代陶器類別更加豐富，灰陶、白陶、紅陶都有生產，殷墟出土的白陶，器型有壺、簋、豆、瓿、斝、尊、觶、帶蓋罐和罍等，普遍裝飾著乳丁紋、蕉葉紋、饕餮紋、雲雷紋，十分

精美。江南地區生產的一種壓印各種花紋圖案的硬陶稱之為印紋硬陶，另有表面塗上一層石灰釉的釉陶，被認為是青瓷的始祖，稱為原始瓷器。商代青銅冶煉十分發達，青銅用作禮器、兵器、工具，其造型、裝飾和工藝多樣而複雜，是先秦時期工藝造物中的一座豐碑；尊神、事鬼的商代巫文化在青銅器上烙印極深，青銅禮器作為溝通人神的器物載體是祭祀和宴饗等重大儀式上的主角。商代玉器繼承史前紅山文化和良渚文化，大多用作禮器，是財富、權力和等級的象徵。此外，絲麻紡織、骨角器製作、竹木器和漆器的設計製作也得到了一定程度的發展。殷商宗教信仰的氛圍空前濃厚，天神（上帝、日、東母、西母、雲、風、雨、雷）、地示（社、四方、四戈、四巫、山、川）和人鬼（先王、先公、先妣、諸子、諸母、舊臣）都成為崇拜和祭祀的對象。《禮記·表記》記載：「殷人尊神，率民以事神，先鬼而後禮」，「民無信不立」，鬼神是最高的權威。當神性權威被世俗的國家機器所借用，使得彌留在夏代器物中天真質樸的氣息蕩然無存，代之以一種神祕和恐怖的氣息。

西周時期，青銅器、陶器、玉器等都得到極大發展，由於禮制的規範化，器物用途的區分越來越明確。陶器大多作為日常生活用器，如日用容器、生產工具、建築構件，也有用作隨葬品，極少再作為禮器出現。並且，在陶器的形制、紋飾和陶泥的成分上，各區域不盡相同，呈現出鮮明的地區風格。儘管

陶器的製作品質不斷提升，然而，陶器的種類和絕對數量卻比前代呈下降趨勢。西周玉器製作的工藝技術和藝術造型，都達到了前所未有的高度，玉器的形制和材料類型豐富。玉器用於佩戴、祭祀和陪葬，具有禮制和象徵的意義。據《周禮》記載，西周已有主管製玉的工官，說明玉器的製作已經納入官方手工業體系。青銅器仍然是西周最為主要的手工業，在製作技術和效率上大大提升。青銅器主要用作禮器和兵器，形制在商代基礎上略有變化，而在豐富性上卻不如商代。有少量青銅器的鑄造和使用開始世俗化，即脫離了服務於宗法制的王權政治體系，而走向社會生活的其他方面，如西周後期就有青銅器銘文顯示其鑄造目的是用作契約。

　　進入東周，伴隨著王權社會的逐步解體，諸侯紛爭、禮崩樂壞的社會面貌呈現出來，器物的造型、裝飾、風格和用途也發生了較大變化，以青銅器最具代表性。王室地位下降，諸侯實力上升，青銅器不再為周王室所壟斷，列國諸侯卿大夫自鑄青銅器，既有禮器、樂器，更有大量前所未見的生活用具、車馬器、兵器和工具。東周青銅器也因此不再是神權和王權的象徵，逐漸走向實用和審美功能。可以看到，春秋戰國時期青銅器的風格，遠離了殷商時期的猙獰恐怖、神祕威懾，也擺脫了西周時期的莊嚴神聖、厚重典雅，而是在繁複華麗的工藝裝飾之中，流露出空靈奇巧、清新活潑的審美傾向。與此同時，禮

第一章 先秦時期的設計美學

器秩序的紊亂，還表現在被稱為「惡金」的非貴重金屬也用於鑄造禮器器形，如目前出土的該時期的鐵製鼎、盤等器物。玉器的品類和風格也表現出濃厚的世俗趣味和日常生活氣息，除了禮器，玉配飾大量出現，精巧的扳指、帶鉤、玉鐲、玉牌反映出佩玉盛行的風氣；日用器類如玉梳、玉劍飾、玉杯、玉奩、玉燈，更反映出製玉工藝水準的提升和普及。此外，東周陶製品中，用於建築材料的陶磚、陶瓦和瓦當最具特色；南方地區的漆器設計製作圍繞日常生活需求，亦達到較高水準。

夏、商、周器物品類、造型、裝飾和風格的變化反映了設計審美的變遷，也正是王權社會從初創建立到規範強化再到衰落解體過程的折射。正如朱志榮認為，夏代審美意識是人本文化的開端，其器物的審美特徵初步表現了等級差異的審美品味；商代的審美意識與神權、王權融為一體，並在神本的背景中孕育了濃烈的主體意識，推動上古文化從神本向人本的過渡；西周的審美意識中神性衰弱，人性突出，禮制風格加重，審美品味中大量滲入社會意識和人文意識；東周不斷的解構著舊有的審美規範，在不斷創新中，建構著多元的審美風尚，並逐步形成了豐富的美學思想。[04]

經三代變遷，起初自發的、樸素的設計審美意識，逐漸走向自覺、多樣和成熟，並最終出現了理論形態的設計美學思

---

04 朱志榮：《夏商周美學思想研究》，人民出版社 2009 年版，第 11 頁。

想。文字是理論化的設計美學思想得以傳承的工具和載體，中國最早的文字典籍可能在商代已經出現。由刻畫符號和象形文字演變的遠古文字在商代已逐漸系統化，《尚書·周書·多士》記載：「惟殷先人有冊有典」，可以說明當時已有除了用甲骨文和金文之外書寫的典籍文獻。但流傳至今的典籍都在西周以後出現，如內容龐雜、文字疏簡、記事粗略的訓誥體典籍《尚書》；孔子編著的第一部編年體史書《春秋》；記事詳備的編年體史書《左傳》……在理性精神覺醒的背景下，春秋戰國之交，百家爭鳴的學術氛圍逐漸形成，諸子以政治和哲理為內容的論說體散文繁榮起來，如春秋戰國之交的《論語》、《墨子》和《老子》，戰國中期的《孟子》和《莊子》，戰國末期的《荀子》和《韓非子》等。理論形態的設計美學思想也正是出現在春秋戰國時期的諸子歷史散文中，在中國設計美學的歷史上，這顯然是重要的一步。葉朗在討論中國美學史的研究對象和範圍時，曾列舉過學術界的兩種不同看法：一種認為中國美學史主要應該研究歷史上關於美的理論，即古代思想家怎麼論「美」；另一種認為中國美學史是研究中國人的審美意識的發生、發展和變化的歷史，因此，中國美學史不僅要研究歷史上的那些美學理論著作，而且要研究歷史上各個時代的藝術作品所表現出來的審美意識，包括審美理想、審美趣味等。葉朗先生認為這兩種看法都各有其問題。第一種看法太過狹窄，因為在中國古典美

第一章　先秦時期的設計美學

學體系中，「美」並不是中心的範疇，也不是最高層次的範疇，「美」這個範疇在中國古典美學中的地位，遠不如在西方美學中那樣重要，如果以「美」這個範疇為中心來研究中國美學史，那麼中國美學史就將變得十分單調貧乏；而後一種觀點又太過寬泛。他說，美學是一門理論學科，它並不屬於形象思維，而是屬於邏輯思維，應該研究美學範疇及範疇之間的區別、關聯和轉化，研究美學範疇的體系。也就是說，中國古典美學並不是由陶器、青銅器、《詩經》、《離騷》、王羲之的書法、李白和杜甫的詩、吳道子的繪畫等藝術作品所構成的形象系列，而是表現於「道」、「氣」、「象」、「意」、「味」、「形」、「神」、「意象」、「妙悟」、「意境」、「風骨」、「氣韻」、「興趣」等一系列範疇及其所構成的思想體系。因此，作為一門理論學科的美學史，應該研究每個時代表現為理論形態的審美意識。的確如此，中國的設計美學史也應該研究中國歷史上理論形態的設計審美意識，避免將中國設計美學史變為器物造型裝飾風格史。

此外，肇生於實用目的的設計與其他門類藝術不同，其功能需求決定了技術是其與生俱來的固有屬性，與之相比，藝術反而不是設計與生俱來的屬性。[05] 因此，除了研究與形式因素相關的審美意識及其闡述，中國設計美學史還要更加關注傳統

05　諸葛鎧先生認為，在人類生存的近 300 萬年時間裡，從審美認知的萌芽到藝術創造能力的完善，充其量只有上萬年。

設計中的工藝技術、製作技藝如何被看待和論述，即關於技術的美學思想。[06] 正如本書即將要寫到的《考工記》，將天時、地氣、材美、工巧作為造物設計良性運作的四要素，「工巧」突顯的正是一種技術角度的美學價值。並且，當設計最基本的兩個要素，即技術與藝術同時被納入審美的視野，會衍生更多相關的價值尺度，來具體構成有血有肉的設計審美意識和設計美學思想，譬如：材料、結構、工藝、造型、色彩、功能和倫理的美與價值。令人欣喜的是，春秋戰國時期由先賢們開啟的「百家爭鳴」的思想盛宴，對這些幾乎都有關注、思考和論說。就讓我們帶著景仰之心來追述溫習吧。

第三節 《考工記》的設計美學思想

《考工記》又名《周禮·冬官·考工記》，是中國最早的手工設計製作技術和規範文獻，也是我們今天研究古代設計的重要文獻。儘管歷代爭訟頗多，但學者中的大多數都認為，《考工記》是春秋時期齊國記錄官府造作之事的官書，大約成書於

06　「關於技術的美學思想」又不完全是「技術美學」。「技術美學」作為西方美學的一個概念，於 1960 年代被提出，是西方設計美學史上從「機器美學」到「設計美學」之間的過渡階段的概念；「技術美學」於 1980 年代隨著「美學熱」的興起被中國學者引入，作為一種應用美學研究以實用性人造物為對象的世界，後在設計實踐和設計觀念不斷發展和調整中，「技術美學」逐漸成為一個充滿歧義的概念，被「設計美學」所取代。（徐恆醇：〈現代產品設計的美學視野—從機器美學到技術美學和設計美學〉，《裝飾》2010 年第 4 期；胡志平、張黔：〈近二十年中國設計美學的發展：走出技術美學〉，《文藝評論》2014 年第 5 期。）

第一章　先秦時期的設計美學

西元前 5 世紀的春秋末期至戰國初期，作者應是齊稷下學宮的學者，在西漢被收入《周禮》，成為其組成部分。《周禮》原名《周官》，由天官、地官、春官、夏官、秋官、冬官六篇組成，西漢時期，因「冬官」篇佚缺，河間獻王便取《考工記》補入，並改《周官》為《周禮》，於是也有了《周禮·冬官·考工記》之名。「冬官」在《周禮》系統之中為掌「事典」（《周禮·天官·大宰》）之事官，其職責在於「富邦國」、「養萬民」、「生百物」，「百工」之職為「冬官」掌管。據清代學者江永考證，冬官之長曰「大司空」，其副曰「小司空」。因收入《周禮》後《考工記》作為儒家經典，其文獻地位歷來被關注。西漢經學家鄭玄對《考工記》有專門研究，後代學者如王安石、戴震、徐光啟、阮元、孫詒讓等都有諸多研究。基於這些認知，《考工記》作為上古至戰國手工設計製作技術成就和設計思維成果的代表作和集大成之作，其地位不言自明。《考工記》全文不到萬字，整篇以木工、金工、皮革、染色、琢玉和製陶六大類三十多個工種為主線，記錄了當時兵器、禮器、樂器、煉染、建築等行業的設計製造狀況，為我們呈現了先秦社會真實的生產狀況、科學技術水準和審美觀念。

回顧對《考工記》的研究，歷史上各階段的側重各有不同特點。清代以前，關於《考工記》的研究基本上以文獻注釋疏證為主、輔以插圖集解，經歷了注釋疏證到章句帖括之學，最後以

文獻考據為總結；近代以來，對《考工記》的研究轉向以數學、物理、化學和其他科學為主的研究角度和途徑；而近三十年來，隨著工業設計在中國的興起，有關《考工記》的設計美學思想的研究方興未艾。有學者認為，從文獻、科學和美學途徑的研究都表現出了一些問題，並指出《考工記》的設計美學研究存在諸多不合常規，也缺乏學術標準，較常出現的現象就是將《考工記》中關於設計的部分，過多引申並泛化為現代設計美學的一些命題，陳義過深。因此，從科學研究的角度來看，嚴謹的研究所需要的論證、明確而具體的結論在目前關於《考工記》的美學或設計學的研究中普遍缺失。這位學者進一步提醒，對《考工記》設計美學思想的研究，首先應對《考工記》做我注六經式的研究，在此基礎之上再做關於設計思想的研究，而不是在還沒有弄清楚一些基本問題的情況下，做一些六經注我式的發揮，[07] 對此筆者亦有同感。過度引申、刻意關聯和六經注我式的研究，恐怕不只是《考工記》這部經典所遭受的「禮遇」，應該是普遍存在於當代學界中對古代經典研究失當的一種現象。在這個警示之下，本書希望能夠避免以意為之的闡釋和引申，盡量客觀平實的還原《考工記》的設計美學思想並慎重的做出陳述。

07　高愛香、韋賓：〈文獻、科學、美學：試論《考工記》研究的三種途徑〉，《陝西師範大學學報（哲學社會科學版）》2014 年第 1 期，第 134 頁。

第一章　先秦時期的設計美學

　　事實上，從上文所述的文獻性質和著述背景來看，今人觀念角度的設計的審美闡發不可能過多的在《考工記》中出現。《考工記》全篇的結構和體例都以「百工」工種分工為中心，詳述造物設計的材料、結構、工藝的要點、規範和檢驗方法，目的在於為禮制化的造物設計制定詳實的標準，因此，官方管理手工業的標準和規範才是其顯在的表述。相應的，《考工記》的設計美學思想應該是一種潛在的表述，是從禮制化的造物活動規範中流露出的形式觀、功能觀和具體的設計表現手法。很顯然，以禮制化為目的的造物設計規範，幾乎沒有個體主觀性的表達空間，而更多的是一種集體意志和社會意志的表達。因而，探尋支配這種集體意志和社會意志的深層觀念，有可能為設計美學思想尋根溯源。在經歷了史前社會的自然崇拜和殷商社會的天命神權觀後，周代社會在整體的觀念和信仰上表現出明顯的進步性，對於天道與人倫的探求使其更具有人文主義的氣息；這種具有人文主義氣息的宇宙觀，更容易、也更自覺的影響和決定了社會的結構和制度，尤其是與人相關的造物設計的制度。因此，《考工記》的設計美學思想可以被描述為這樣一個有層次的體系：它以周代社會普遍的宇宙哲學為認知和實踐基礎，透過詳實的規範和標準表達了造物設計的形式觀和功能觀，並藉具體的表現手法塑造了相應的設計審美風格。

一、《考工記》的設計美學思想以先秦宇宙哲學為思想基礎

試圖解釋宇宙的結構和運行規律是哲學發展的原生動力，累積在周代社會思想中的整個先秦時期的宇宙哲學觀，從根本上為《考工記》提供了認知和實踐的思想基礎。正如宗白華先生所說，「中國人在天地的動靜、四時的節律、晝夜的來復、生長老死的綿延，感到宇宙是生生而具條理的。這『生生而條理』就是天地運行的大道」。古人把這種最高度的把握生命和最深度的體驗生命的精神境界，具體的貫注到社會實際生活裡，表現為「中國人的個人人格、社會組織以及日用器皿，都希望能在美的形式中，作為形而上的宇宙秩序與宇宙生命的表徵。這是中國人的文化意識，也是中國藝術境界的最後根據」[08]。《易經·乾卦》描述為：「與天地合其德，與日月合其明，與四時合其序。」器物及其製作活動都是天地宇宙精神的外化，與宇宙之結構和諧同構。

（一）五行學說是《考工記》的認識論基礎

五行學說是中國古代樸素的唯物論和自發的辯證法思想，為《考工記》認識材料和色彩提供了參照。「五行」始見於《尚書·洪範》，書中有「五行：一曰水，二曰火，三曰木，四曰金，

08　宗白華：《美學與意境》，人民出版社 2009 年版，第 239 頁。

五日土」，後衍生出「五味」、「五色」、「五聲」、「五音」等
說法。從《老子》中的「五色令人目盲，五音令人耳聾，五味令
人口爽」句可知，「五行」思想在春秋時期已為普遍。戰國時
期，鄒衍的「五行生勝」和「五德終始」之說成為漢代五行相生
相剋說的基礎。「木、金、火、水、土」是組成客觀世界的物種
基本元素，也是造物設計的對象和材料，《考工記》提出的五方
正色的色彩觀是「五行」思想的反映：「東方謂之青，南方謂之
赤，西方謂之白，北方謂之黑，天謂之玄，地謂之黃。青與白
相次也，赤與黑相次也，玄與黃相次也。」在《考工記》的知識
體系中，「五色」、「五行」與「五方」、「五時」具有同構關係，
是可以相互類比甚至置換的。從「五方」層面看，東、西、南、
北、中對應木、金、火、水、土，分別以青、白、赤、黑、黃
來象徵；從「五時」層面看，春、夏、長夏、秋、冬對應木、
火、土、金、水，分別以青、赤、黃、白、黑來象徵。從「五
方」、「五時」的角度來掌握「五色」和「五行」的關係，展現
出一個立體而有秩序的宇宙象徵圖式。這種由細微而宏大、由
局部而整體的類比和象徵方式，具有廣闊深邃的時空意識，是
古人宇宙觀的折射。此外，《考工記》陳述五色搭配成紋樣還要
吻合五行相生的規律：「青與赤謂之文，赤與白謂之章，白與黑
謂之黼，黑與青謂之黻，五采備謂之繡」，即是說，將青與赤、
赤與白、白與黑、黑與青兩兩相配，形成「文」、「章」、「黼」、

「黻」的紋樣。如試著將其中的色彩轉換成對應的材料，也正好與「五行相生」中「木生火」、「火生土」、「土生金」、「金生水」、「水生木」的自然規律相符合。材料和色彩是設計的重要要素，在《考工記》中，材料與色彩都被賦予了其自身之外的其他意義，「五行」與「五色」都不是孤立的被認識的，而是存在於與方位和季節構成的關聯體之中，並按自然界運行的規律來運作。

（二）天人合一觀是《考工記》的實踐論基礎

「天人合一」是中國古典哲學的重要思想，由北宋張載在《張子正蒙・乾稱》中首次提出，但作為一種宇宙哲學和生存智慧，其源頭可追溯到《易經》、《論語》、《老子》等先秦典籍中。「天人合一」中的「天」代表自然界，「人」代表人類、人類活動及其成果；天人合一反映了古人在認識與自然關係問題上的基本立場，是《考工記》建立設計實踐法則和實施具體手法的思想基礎。《考工記》開篇總論造物設計原則謂：「天有時，地有氣，材有美，工有巧，合此四者，然後可以為良。」「天時」、「地氣」、「材美」、「工巧」四要素是設計良性運作的基礎；其中「天時」與「地氣」是自然界不可測的客觀因素，「材美」與「工巧」是主體方面的主觀因素。理想的造物設計活動是主客觀統一的結果，即是一方面遵循和順應自然規律，另一方面「制天命而用之」，發揮主體的能動作用，因時、因地制宜的進行造物設計活動，從而展現出天人合一的實踐原則。「天

第一章　先秦時期的設計美學

人合一」作為《考工記》的思想基礎，不僅表現在造物的總原則上，也表現到了具體的器物設計的象徵意義上。《考工記》「製車」篇中，以車的各部件象徵天地萬物：「軫之方也，以象地也；蓋之圜也，以象天也；輪輻三十，以象日月也；蓋弓二十有八，以象星也；龍旂九斿，以象大火也；鳥旟七斿；以象鶉火也；熊旗六斿，以象伐也；龜蛇四斿，以象營室也；弧旌枉矢，以象弧也。」下方方形車廂象徵地、上方圓形車蓋代表天，「天圓地方」的宇宙意識呈現為器物的具體構件；而乘車者正好處於「天」與「地」之間，形成一個整體。透過器物的符號化使其承載象徵意義，一部乘用的「車」可以藉象徵的手法將天、地、人完整和諧的包容在內，展現出既具體又抽象的天人關係。對自然的體察、模仿和借鑑是遠古人類就有的方式，從中關於天人相通、天人相類和天人相感的意識漸漸萌生。《易經·繫辭下傳》描述伏羲畫卦，「仰則觀象於天，俯則觀法於地，觀鳥獸之文，與地之宜，近取諸身，遠取諸物」，「以通神明之德，以類萬物之情」，透過觀物取象的方式，先祖創造了最早的宇宙象徵圖式。追本溯源，關切自然、親近自然是農業文明和自然經濟下人類行為的必然選擇，而原始宗教中天人相通、相類和相感的觀念又促成了天人合一觀的形成。以敬慕之心體察天地萬物之態，又以天地萬物之態啟發人情物理的天人合一的思維方式，也成為造物設計實踐的思想基礎。

二、遵禮定制：《考工記》的形式觀

以傳說的「周公制禮」載入史冊的《周禮》是強調周代社會關係的行為規範的總和，是「禮」在國家、社會及人的日常生活中的具體規定的文字記載。《周禮》的其他篇章內容包含了與國家政權密切關聯的邦國建制、政法文教和禮樂兵刑，也涉及了與社會生活息息相關的賦稅度支、農商醫卜，更多的是從形而上層面為社會的意識形態和具體的日常運作定章立制。《考工記》的補入，使得《周禮》強調的規範不僅能從意識、觀念和制度上展開，而且能從具體的器物層面展開，讓器物可以成為承載意義、標示等級和調節行為的工具。就「禮」的全面完善來講，《考工記》是周代禮制化進程最具體而微的一步；「禮」的意義滲透也使得《考工記》超越了簡單的技術規範資料，具有代表國家意志和時代精神的價值。

《考工記》的造物設計在禮制要求之下，器物的形制是嚴格按照社會等級明確規定的。器物的造型、紋飾、材質、色彩、規格等形式要素，反映的是器物的使用場所或使用者的身分和地位，是禮制等級的標誌。可以說，《考工記》鉅細靡遺的規定了幾乎所有為禮制化的貴族生活所設計和製作的重要物品。具體的說，就是社會上層階級在進行祭祀、朝聘、宴饗、征伐、喪葬等活動時所陳設和使用的器物。如「弓人」篇中就規定不同長度的弓為不同等級的士兵所設計：「弓長六尺有六寸，謂之上

制，上士服之；弓長六尺有三寸，謂之中制，中士服之；弓長六尺，謂之下制，下士服之。」此外，弓的弧度也為不同身分的人而定制：「為天子之弓，合九而成規。為諸侯之弓，合七而成規。大夫之弓，合五而成規。士之弓，合三而成規。」「器以藏禮」（《左傳·成公二年》），「禮」又服務於權力。遵禮定制的形式觀折射出的是周代社會以王權為核心、建立在血緣上的宗法統治制度。透過將等級納入「禮」的軌道，並充分表現在器物的形制設計上。推而廣之，城邑的規模、城市設施及方位的選擇，所有圍繞王權國家政治和貴族生活而展開的空間和環境，也都無一例外的維護和強化著禮制的規範。與此同時，那些遠離禮制生活中心的器物，其形制大多沒有被《考工記》所關注，也正展現了「禮不下庶人」的觀念。除了「車人」、「陶人」等有寥寥數語論及農具和陶器的簡單製作要領，再無任何與日常生產和生活用器有關的文字，更沒有關於日常用器形制設計的標準。正如我們所見，周代傳世的大量印紋硬陶、精美的木漆器，還有剛剛出現的鐵製工具和農具，皆為當時普通人日常生活所需之物，在《考工記》中都付之闕如。

　　《考工記》將遵禮明義作為器物形制的設計規範並反覆強化，這與其成書的歷史語境莫不相關。春秋時期，隨著井田制的崩潰和土地私有制的出現，封建地主經濟逐漸代替奴隸制經濟，階級和社會結構都隨之產生變化，並使得西周嚴謹的社會等級和有力的國家政權發生動搖。戰國時期諸侯相互征伐，周

王室控制力進一步下降，日漸崩壞的社會秩序亟待維護和重建。面對思想激盪和意識形態遽變，儘管一部與造物技術和思想相關的《考工記》已無力挽狂瀾於既倒，然而不能不說，整部《周禮》的歸納成書在此時正是應時之需。可以說，「禮制」為造物設計提供了嚴謹的形制規範，有利於經典器物的固定和強化、製作工藝的精進和提升。但是，「『禮制』同時也制約、阻礙了生產的發展，春秋戰國時期手工業生產中大量的新材料、新工藝以及漸趨獨立的裝飾趣味和審美觀念，都是在『禮崩樂壞』的歷史情境中，在一定程度上擺脫了『禮』的束縛才得以湧現的」[09]。從這個意義上說，將《考工記》造物設計理念中的形式觀，看作是那個時代的設計形式觀是不全面的，換言之，《考工記》並不能代言其所處時代的設計形式觀，反而，其不斷強化「遵禮定制」的話語意圖卻從一個側面呈現了那段歷史變革期中，禮制化的設計形式美學觀所受到的挑戰。

三、堅久致用：《考工記》的功能觀

　　《考工記》對造物活動中選材和製作技術描述的文本分量最重，「材」與「工」結合起來即是器物功能的實現。儘管《考工記》所記述之器物大多不是為平民日常生產和生活所製備，然其對器物實用功能的要求還是明顯多於其形式觀的闡發，其中，要求器物堅固耐久和致用利人的表述最為突出。

09　磬年：〈功致為上：《考工記》研究筆記〉，《裝飾》1990 年第 4 期。

第一章　先秦時期的設計美學

在以祭祀、朝聘、宴饗、征伐、喪葬等為內容的禮制活動中，祭祀與征伐對國家而言是至高無上的。所謂「國之大事，在祀與戎」（《左傳·成公十三年》），尤其是春秋時期諸侯紛起爭奪權力、開疆拓土之時，戰爭對一個國家來說至關重要。為戰事而備的車與兵器，其優劣直接決定了戰爭的勝負、國家的榮耀乃至生死存亡。因而，《考工記》對車馬兵器的選材工藝要求尤其精確嚴密。「凡察車之道，必自載於地者始也，是故察車自輪始。凡察車之道，欲其樸屬而微至。不樸屬，無以為完久也。不微至，無以為戚速也。」即是說，檢驗車的要領須從車著地的部位，即車輪開始。關鍵是車輪要結構堅固而與地的接觸面小。結構不堅固，就不能經久耐用；與地的接觸面不小，行駛速度就不快。車輪是最精細也最關鍵的部分，「轂也者，以為利轉也。輻也者，以為直指也。牙也者，以為固抱也。輪敝，三材不失職，謂之完」。輪轂，要使它利於車輪的轉動；輻條，要使它直指車牙；車牙，要使它牢固緊抱。這樣，即使輪子磨損壞了，轂、輻、牙也不鬆動變形，可謂之完美。由此可見，以精確的工藝將局部與整體結合起來，使其堅固耐久，即使是輪子磨損更換，關鍵部件仍舊耐用而不必替換，便是製車的最高境界。不獨製車，在「函人」「鮑人」等篇章中，對函人製作甲衣、鮑人鞣製皮革都提出了經久耐用的製作要領和要求。除堅固耐久，器物製作還要以適用於人作為功能標準。仍

以製車為例，車輪高度不僅要便於人登車，還要使畜力最大限度發揮，且尺寸依據不同用途也須有不同大小：「輪已崇，則人不能登也；輪已庫，則於馬終古登阤也。故兵車之輪六尺有六寸，田車之輪六尺有三寸，乘車之輪六尺有六寸。六尺有六寸之輪，軹崇三尺有三寸也。加軫與焉，四尺也。人長八尺，登下以為節。」車輪過高，不便於人登車；車輪過低，馬拉車像爬坡一樣費力。兵車輪高六尺六寸，田車輪高六尺三寸，乘車輪高六尺六寸。六尺六寸高的車輪，軹高三尺三寸，再加上軫木與車模就是四尺，人高八尺，正是方便人上下的高度。此外，車蓋不能遮擋乘車者的視線、車轅的曲直要恰到好處的使乘車人感到穩定等，都是製車中致用利人功能觀的闡發。正是為了便於使用，兵器長度也有上限，「凡兵無過三其身，過三其身，弗能用也」。戈矛之類的長兵器，其柄部長度不能超過持用者身長的三倍方為合理。而梓人為飲器，也可以透過檢驗來對其使用性能做出判斷，「鄉衡而實不盡，梓師罪之」，即是說，如果爵上的兩柱向眉而酒還沒能飲盡，則是因形態不合理導致功能不合格，製作者也必受罰。無論是兵器、祭器、樂器還是農具和日用器，都不同程度的有功能上的要求。透過造物經驗總結和初步的科學推理，《考工記》強調了借助精確的工藝來實現器物對於使用者史科學、合理和長久的使用價值。正如製車中總結道，「軸有三度，軸有三理……軸有三理：一者，以為美也；

二者，以為久也；三者，以為利也」。軸的製作，講究的是形質精美、堅固耐久和利於行車；其堅久致用的標準也是《考工記》造物設計功能觀的核心。

四、造物設計的表現手法

除設計觀念和工藝技術的闡發之外，《考工記》還就造物設計的表現手法有過一些表述。造物設計的表現手法，實質上是在掌握製作技藝後，帶動藝術感官和設計思維來統合空間、形態、色彩等形式因素，從而實現特定的風格。儘管《考工記》並非是在強調這些表現手法由個體自由創造和運用，然其透過諸種形式經驗和表現技法的固定運用，來創設服務於特定情境的風格，也使得「百工」之職有可能超越單純體力和手工勞作，而具有腦力勞動的價值。以下擇其要者述之。

（一）因義賦形

在《考工記》中，「梓人為筍虡」一節的內容與其他節有所不同。其他篇章大多遵從由形制、材料、工藝的規範到檢驗方法的表述模式，對工匠來說是具體的操作手冊，對考工者而言是詳細的技術標準。然而，「梓人為筍虡」這一節在敘述樂器鐘磬支架的設計製作中呈現出的是，形象思維和聯想思維是如何透過仿生造型手法，而賦予筍虡更具藝術表現力的形態。此段先將「天下之大獸」分為五類：脂者、膏者、臝者、羽者、鱗

者。鄭玄注疏道：「脂，牛羊屬；膏，豕屬；贏者，謂虎豹貔螭，為獸淺毛者之屬；羽，鳥屬；鱗，龍蛇之屬。」在宗廟祭祀中，脂、膏（牛羊豕）用作犧牲；而贏、羽、鱗的形象用作筍虡的形態，「外骨、內骨，卻行、紆行、以脰鳴者、以注鳴者、以旁鳴者、以翼鳴者、以股鳴者、以胸鳴者，謂之小蟲之屬，以為雕琢。厚唇弇口，出目短耳，大胸燿後，大體短脰，若是者謂之贏屬。恆有力而不能走，其聲大而宏。有力而不能走，則於任重宜；大聲而宏，則於鐘宜。若是者以為鐘虡，是故擊其所縣，而由其虡鳴。銳喙決吻，數目顧脰，小體騫腹，若是者謂之羽屬。恆無力而輕，其聲清陽而遠聞。無力而輕，則於任輕宜；其聲清陽而遠聞，則於磬宜若是者以為磬虡，故擊其所縣而由其虡鳴。小首而長，搏身而鴻，若是者謂之鱗屬，以為筍。」筍為支架之橫木，虡是支架之直柱，筍虡的造型選擇不同的動物形態。其緣由是不同動物性情與不同的樂器樂聲的對應關係。如「贏」的特點是恆有力而不能走，其聲大而宏，正與鐘的特性吻合，以其形象作虡的刻飾，敲擊所懸之鐘，聲音正像是由虡上之虎豹發出來一樣；「羽」的特點是恆無力而輕，其聲清陽而遠聞，正與磬的特性吻合，以其形象作虡的刻飾，敲擊所懸之磬，聲音就像是由虡上之禽鳥發出來的。其設計思維方式正是以形取義、因義賦形；由形揣其義，因義度其形，將造型藝術中最重要的形象思維能力調動起來，利用視覺和聽覺的互聯，

使裝飾雕刻的題材內容和設計對象的功能和諧統一。

在具體的造型手法上，「凡攫殺援簭之類，必深其爪，出其目，作其鱗之而。深其爪，出其目，作其鱗之而，則於眠必撥爾而怒。苟撥爾而怒，則於任重宜，且其匪色必似鳴矣。爪不深，目不出，鱗之而不作，則必頹爾如委矣，苟頹爾如委，則加任焉，則必如將廢措，其匪色必似不鳴矣」。刻飾擅捕殺抓咬的獸類，要深藏其爪，突出其目，鱗毛張開，則會有「撥爾而怒」之感；否則就會顯得頹喪不振，好似不能發出宏大的聲音。在祭祀的盛大場面中，禮樂器的造型形態和細節刻飾須加益於環境氛圍的創造，烘托出雄偉盛大與剛健奮發的視覺效果和心理感受，塑造出「撥爾而怒」的審美風格。

（二）模組創制

《考工記》「匠人營國」一節的內容相較於其他章節更為宏觀，將視野由器物之形制、材料、工藝的規範擴大到了容納器物和生活的空間，包括都城選址及宮室、明堂、宗廟、道路、溝洫等工程的規畫設計。「營國」的核心思想仍然圍繞著等級制度展開，其在禮制規範下的方位選定、形制確立和空間營造也呈現出明顯的固化趨向。然而，正是這種程序化的設計卻成為孳生模組思維和設計方法的土壤。「匠人營國，方九里，旁三門。國中九經九緯，經塗九軌，左祖右社，面朝後市，市朝一夫。」「九經九緯」描述的縱向與橫向交錯的三組道路，在矩

形的王城內部勾勒出一個由「井」字形單位組成的平面圖。整
體布局上，王宮居中，左側是宗廟，右側是社壇，前面是朝會
處，後面是市場，朝會處和市場的面積皆為一夫之地；狀如棋
盤的布局顯示出高度對稱，結構嚴謹，從尺度上王城也為最高
標準。城市史的研究顯示，這種建立在模組思維上的模組化布
局直接影響了漢代以後「里坊制」的產生和發展。在王宮內部，
「周人明堂，度九尺之筵，東西九筵，南北七筵，堂崇一筵，
五室，凡室二筵。室中度以几，堂上度以筵，宮中度以尋，野
度以步，塗度以軌，廟門容大扃七個，闈門容小扃三個，路門
不容乘車之五個，應門二徹三個。內有九室，九嬪居之。外有
九室，九卿朝焉。九分其國，以為九分，九卿治之。」几、筵、
尋、步、軌，本為空間中的家具、物品或人體的尺度，這裡皆
轉化為度量和創造空間本身的模組單位，更大的空間創制必定
以其為基本單位成倍數的展開。此外，平面布局上「九分其國」
的九宮格模式，除了是王城實際功能需求的外化，更包蘊了以
天子為中心的國土區劃觀念。《尚書・禹貢》開篇即有，「禹別
九州，隨山浚川，任土作貢」。〈禹貢〉篇雖為戰國假託之作，
但其冀、兗、青、徐、揚、荊、豫、梁、雍九州的劃分，明確
的將國土領地做了強化。更有「昔黃帝方制天下，立為萬國……
若顓頊之所建，帝嚳受之，創制九州，統領萬國」。可知，透
過歷史追溯來確立「九州」組成的國土和領地觀，常常成為統

第一章　先秦時期的設計美學

領萬國的權力執掌者申明其疆域合法性的舉動，也為開疆拓土和鞏固領地提供了充分理由。因而，西周王城「九分其國」的形制也就不難理解：在王權國家的政治中心，創制具有「天下」隱喻的空間結構和意象，其象徵意義和政治意圖不言自明。

　　按照《考工記》中的模組思維和初步的模組化設計方法，描繪或建造一個規整有序的空間易如拾芥。這個空間複合體內部各單位遵循著環環相扣的理性與嚴謹的原則，組成的整體緊密服務於王權國家的禮制生活，而其結構和尺度又映射著尊卑有別、長幼有序的等級社會觀念，更以微縮的「九分其國」將「天下」之空間意象包蘊其內。然而更多的學者認為，《考工記》描繪的其實是理想化的王城模式，是當時意識形態領域的產物，而不是任何一個時期的王城的規制。的確，從《周禮》的成書背景來看，「營國」之制更有可能是維護禮制的文本，而從考古來看，與「營國」之制嚴格一致的城市遺址也不存在。不過《考工記》具有禮制特徵的設計觀，卻實實在在的影響了隨後封建帝制時代的都城形態；更重要的是，其模組思維和初步的模組化設計方法，也在包括宮殿、壇廟、陵寢、民居在內的構築物中反覆運用。

（三）繪事後素

　　《考工記》論「畫繪」時，在詳述諸種畫繪裝飾的色彩與紋樣組合後，以「凡畫繪之事後素功」一句結尾。鄭玄注「畫繪之事後素功」曰：素，白采也，後布之以其易漬汙也。不言繡，

繡以絲也。鄭司農說以《論語》曰：「績事後素。」將其解釋為，在紡織品彩繪工藝中，有著最後用白色勾勒和局部描繪的工序；理由是，在對底稿賦色的過程中很容易將底稿的輪廓浸漬模糊，同時，淺色又易被其他顏色覆蓋，因此，無論繪製何種色彩和紋樣，最後都要用素色重新勾勒和局部描繪。對此句的訓詁學研究，許多學者都將其與《論語・八佾》中的「繪事後素」相提並論。這是一段記載孔子和子夏的對話。子夏問曰：「巧笑倩兮，美目盼兮，素以為絢兮。何謂也？」子曰：「繪事後素。」曰：「禮後乎？」子曰：「起予者商也，始可與言《詩》已矣。」鄭玄注「繪事後素」為：繪，畫文也，凡繪畫，先布眾色，然後以素分布其間，以成其文，喻美女雖有倩盼美質，亦須以禮成之。孔子此句中的「繪事後素」並不著意談論繪畫的工藝程序與表現手法，而是微言大義，藉繪畫的表現手法來比興人格。五彩眾色指人的美質，而素色指「禮」；君子修身要以仁德為質，而後學禮，才能內外兼修，有所成就，正是孔子所言「博我以文，約我以禮」（《論語・子罕》）。雖則孔子意不在繪畫本身，但《論語》中的「繪事後素」與《考工記》之章句相互參證，顯示出「素」實為畫繢中的不可或缺的工藝程序和主要表現手法，且在先秦時期具有普遍性。對「繪事後素」也有不同注疏，宋代朱熹注云，「禮必以忠信為質，猶繪事必以粉素為先」，又說，「繪事，繪畫之事也。後素，後於素也。《考工記》曰『繪畫之事後素功』，謂先以粉地為質，而後施五采，猶人有美質，然後

可加文飾」。即認為「繪事後素」是先有素的底子，後布眾色，實質上是「眾色後於素」。這裡理解施「素」的工藝程序與鄭玄注解正好相反，曾引起過廣泛的辨義和考證。

　　就先秦時期紡織品裝飾工藝水準來說，無論是在素地上繡以五彩眾色，還是在染色刺繡後的紋樣上以素色勾畫描繪，其技術實現都沒有難度；從出土的先秦紡織品看，也缺乏特別有力的證據能夠顯示「後素功」的工藝程序究竟如何。然若連結《周易》中的「賁」卦，其關於裝飾美學的闡述，基本上可以斷定「繪事後素」的工藝應該是先五彩後施素；且其工藝與「白賁」之裝飾旨趣相倚而生，闡發了「仁先禮後」的道德譬喻和素樸尚質的審美取向。《周易》作為群經之首，是孕育中國傳統文明的母體。《易經》第二十二卦「賁」即裝飾之意，其爻辭中有「白賁，無咎」之說，「賁」即文飾，「白賁」則是沒有文飾。王弼《周易注》云：「處飾之終，飾終反素，故任其質素，不勞文飾，而無咎也。以白為飾，而無憂患，得志者也。」孔穎達疏云：「白賁無咎者，處飾之終，飾終則反質素，不勞文飾，故曰白賁無咎。」這一爻辭的解釋表達了對裝飾之道的探尋，認為繁複絢麗不是裝飾的最終目的，歸於素樸才是裝飾的極致。其素樸尚質、樸素為美的思想正與《論語‧八佾》中「素以為絢」的審美表達高度一致，綜合來看，基本可以斷定「繪事後素」的工藝程序應為「先彩後素」。並且，這種表現手法是為了符合「白賁」的審美旨趣和風格創設而在先秦裝飾繪畫和紡織品彩繪中廣泛使用的。

第四節　墨子的設計美學思想

墨子名翟，魯國人，是目夷人的後裔。正史中關於墨子的記述甚少，僅《史記‧孟子荀卿列傳》末附有模稜兩可的寥寥數語：「蓋墨翟，宋之大夫，善守禦，為節用。或曰並孔子時，或曰在其後。」但在《韓非子‧顯學》中有：「世之顯學，儒墨也。儒之所至，孔丘也；墨之所至，墨翟也。」顯示韓非子是將儒、墨二家視為顯學，說明墨子思想在當時的地位與儒家可以相提並論，墨子和他開創的墨家學派在戰國時期也是風行一時的著名學派。墨子出身微賤，本為繩墨之匠，在民間講學興起後先學儒學，後另立新學，聚徒講學，創立墨家學派。《墨子‧魯問》記載其言論：「凡入國，必擇務而從事焉。國家昏亂，則語之尚賢、尚同；國家貧，則語之節用、節葬；國家憙音湛湎，則語之非樂、非命；國家淫僻無禮，則語之尊天、事鬼；國家務奪侵凌，即語之兼愛、非攻。」此論是墨家思想最核心的內容，可以歸納為十個方面：兼愛、非攻、尚賢、尚同、非命、天志、明鬼、節用、節葬、非樂，其內容和命題涉及了哲學、倫理學、宗教等方面，更具體到社會的軍事、政治、經濟、科學技術和文化。

墨家思想在很大程度上反映了墨子所處的手工業者階層的社會理想和願望，其所闡述問題和立論角度，也對造物設計的社會效應給予了最集中的關注。在「兼愛」的最高理想之下，

墨家學派對造物設計的立場和原則、目標和理想都有闡發。與墨家的「兼愛」相反，儒家主張「愛有差等」，差等之愛是傳統等級社會「貴賤有等、親疏有別」的顯現；而「兼愛」是不因社會等級而異的愛，是不視貧賤富貴而別的愛，兼愛的思想是墨家造物設計美學思想產生的內在根源。「節用」、「節葬」與「非樂」的觀點則具有內在一致性，既是從「兼愛」思想引申而來的基於民生意識的社會規範，又是針對當時社會現實問題的批判性命題。從今人視角來看，墨家的思想更具一種歷史進步性，其設計美學理想也表現出具有現代意味的倫理價值取向。正因為此，當代設計學研究者對墨子學說的關注度尤其高，也充分肯定了其價值。[10] 以下將其具體的設計觀分別歸納於民本主義和實用主義思想之下，予以闡釋並發現其美學價值。

一、民本主義的設計觀

　　墨子的思想帶有濃厚的民本主義色彩。墨子主張「兼相愛，交相利」，提倡「視人之國若視其國，視人之家若視其家，視人之身若視其身」（《墨子・兼愛中》），強調愛人如愛己，愛不受血緣、等級因素影響，即愛無差等。其致力於改變社會關係中從個人出發的愛，重新建立一種沒有等級差別的大愛，這是

10　有學者評價墨子是「一位工匠、設計師、科學家、思想家」，「也是中國設計史上，最為多才多藝的人物之一」。（尹定邦、邵宏：《設計學概論》，湖南科學技術出版社 2009 年版。）還有學者以「一位工藝思想家」和「烏托邦式的設計美學家」來描述墨子。（杭間：《中國工藝美學史》，人民美術出版社 2007 年版。）

對儒家君臣父子的「差等之愛」的批判和超越。儒家將利與義相對立，而墨子卻將利與義、愛與義相結合。儒家認為，君子喻於義，小人喻於利，義與利是相對立的；墨子則認為義與利是一致的，義，利也。墨子的利是公利，是百姓人民之利，凡能使人民獲利之事物，皆為有義。他對當時社會上以強凌弱、以眾欺寡，以及貴賤懸殊的現實不滿，提出「以兼相愛交相利之法易之」，主張「愛民謹忠，利民謹厚」、「愛人利人，順天之意」。將「愛」與「利」結合，展現出墨子民本主義的思想特點，基於此，墨子也有自己「仁」的標準：「仁者之事必務求興天下之利，除天下之害，將以為法乎天下。利人乎，即為；不利人乎，即止。」而對於國家的統治者，其勸誡是，「凡足以奉給民用，則止。諸加費不加於民利者，聖王弗為」（《墨子·節用中》）。聖王應鼓勵滿足基本消費的生產，勿要因奢侈浪費而加費於民，因此，墨子宣導人們衣食住行的節用，以及節葬短喪。既有這種節制的消費觀，也就相應會有節制的造物設計觀，如《墨子》中所載：

　　為衣服之法：冬則練帛之中，足以為輕且暖；夏則絺綌之中，足以為輕且清，謹此則止。故聖人之為衣服，適身體和肌膚而足矣。非榮耳目而觀愚民也。當是之時，堅車良馬不知貴也，刻鏤文采，不知喜也。何則？其所道之然。

　　為飲食之法：足以充虛繼氣，強股肱，耳目聰明，則止。不極五味之調、芬香之和，不致遠國珍怪異物。

第一章　先秦時期的設計美學

　　室高足以避潤溼，邊足以圉風寒，上足以待雪霜雨露，宮牆之高，足以別男女之禮。謹此則止，凡費財勞力，不加利也，不為也。

　　車為服重致遠，乘之則安，引之則利；安以不傷人，利以速至，此車之利也。古者聖王為大川廣穀之不可濟，於是利（制）為舟楫，足以將之，則止。雖上者三公諸侯至，舟楫不易，津人不飾，此舟之利也。

　　衣只求適體，食不極無味，宮室避免費財勞力，舟車也不求華飾。《淮南子‧要略訓》上曾說：「墨子學儒者之業，受孔子之術，以其禮煩擾而不悅，厚葬靡財而貧民，（久）服傷生而害事，故背周道而用夏政。」對禮樂制度及其引發的社會效應的不滿，是墨子之所以背離儒學而創立己說的直接原因。春秋戰國「禮崩樂壞」的局面使孔子憂患而試圖重建禮制；而墨子卻認為祭天事神的禮樂在當世已經成為貴族享樂的工具，不僅不必恢復，反而應被禁止。墨子還曾以商紂王為例，批評了奢侈的消費和華靡的設計：「鹿臺槽丘，酒池肉林，宮牆文畫，雕琢刻鏤，錦繡被衾，金玉珍珠，婦女優倡，鐘鼓管弦」（《墨子‧佚文》）。從「興天下之利」的民本意識出發，這些不僅不能使民眾獲得物質保障和利益，還有可能加重勞動階層的負擔，顯然是有害無益的。因而，節儉適用的物質生產和相應的適度設計是墨子所推崇的，禮樂制度的繁文縟節以及相應的器物用度也都應被禁止。

二、實用主義的設計觀

物質的相對豐足和階級社會的不平等性，使得春秋戰國時期造物設計中的許多現象偏離了人類造物的最初目的，墨子說：「當今之王，其為衣服，則與此異矣。必厚斂於百姓，以為文彩靡曼之衣，鑄金以為鉤，珠玉以為佩。由此觀之，其為衣服，非為身體，皆為觀好也。」上古人類為蔽體、保暖而創造了衣服，而當今的華服美飾其目的更多是為「觀好」而非蔽體與保暖。不僅服飾如此，住與行所需之建築與舟車的設計製作也同樣虛飾多過實用。墨子以古為鑑，作出勸誡：「是故聖王作為宮室，便於生，不以為觀樂也；作為衣服帶履，便於身，不以為辟怪也。故節於身，誨於民，是以天下之民可得而治，財用可得而足」（《墨子·辭過》）。在這段話中提出了「便於生」與「便於身」的設計原則。

「便於生」的設計法則是主張設計應圍繞解決人的生存基本需求而展開，具體而言，即是「衣食住行用」需求的滿足。這項原則將設計帶回到了造物萌生之初，人類為採集和狩獵而製造的第一件工具，造物之初滿足生存需求為目的的實用功能一定是設計的絕對要素。因而，墨子認為設計應以實用目的的滿足為原則，就如，「聖王作為宮室，為宮室之法，曰室高足以避潤溼，邊足以圉風寒，上足以待雪霜雨露」，地基高度只是為了迴避溼氣、牆壁厚度只須足夠抵禦風寒、屋頂的強度也只是為承

受雪霜雨露的傾軋。而事實上，在王權時代，高大的宮室是權力的象徵、屋頂的形制也是等級身分的顯現。墨子希望造物設計能夠回歸其最初的原點，不以犧牲平民的利益而成就貴族奢靡虛飾的生活，而是以適度的設計來保障所有人的基本生存權利。

「便於身」的設計法則是強調設計應符合人的生理條件和特點，在使用過程中使人體驗到舒適性、安全性和便利性。「聖人之為衣服，適身體和肌膚而足矣」，服裝的形制應該首要考慮的是是否適合於人體的結構與運動、親和人體的皮膚。針對外出之舟車設計，墨子說，「車為服重致遠，乘之則安，引之則利；安以不傷人，利以速至，此車之利也」。車的設計要求則是不僅能載重、能遠行，還要有速度和安全性。舟車的「便於身」是在保證使用者「勞而不傷」的前提下，給予使用者人力所不能致的輕快、高速，便利性之外的安全保障是對「便於身」的實用性提出了更高要求。可以說，不僅是舟車，所有的機械類物品設計，都應該在為人提供便利的同時，不因機械的運作而對人本身造成傷害。

三、足用為美、利人為美

墨子的設計思想從利國利民的角度出發，源於其政治理想和社會責任感。墨子提出了立足於切實的民本主義和樸素的實用主義立場的設計觀，他愛物惜物，反對奢侈和為觀好而裝飾和設計，也不欣賞單純技巧的炫耀。墨子說，「古者聖王制為節

用之法，曰：凡天下群百工，輪、車、鞼、匏、陶、冶、梓匠，
使各從事其所能。曰：凡足以奉給民用，諸加費不加民利，則
止」，造物的門類、量的多寡、質的高低均以是否與民有利為最
終的評判標準，百工所造之器要在量與質方面都滿足民用，做
到「足以奉給民用」，避免「加費不加民利」的文飾性追求，因
而，其必然主張以節儉適度的造物原則，為所有人的基本生存
而設計，流露出足用即為美、利人即為美的設計美學觀。「足
用為美」歸根結柢是要避免因貴賤懸殊、貧富不均帶來的物質
產品的過度消費，進而引起局部的不足和匱乏；「利人為美」
則是從實用功能的角度出發，考量造物設計的價值。《考工記》
中曾將「天時、地氣、材美、工巧」四個要素作為造物設計良
性運作不可或缺的因素，「工巧」反映在器物之上，是製作者的
巧思和技藝，是設計審美的對象之一。而墨子並不認為純粹的
技巧有值得欣賞的價值，《魯問》載：公輸子削竹木以為鵲，成
而飛之，三日不下。公輸子自以為至巧。子墨子謂公輸子曰：
「子之為鵲也，不如匠之為車轄，須臾斫三寸之木，而任五十石
之重。故所為巧，利於人謂之巧，不利於人謂之拙。」公輸子能
夠「削竹木製鵲，成而飛之，三日不下」，自以為此舉是工之至
巧，但是墨子卻不以為然，他從「利人」的角度出發，認為一件
物品工藝上再複雜、技術上再高超，如果對人沒有實際效用，
就不具備設計之美，因而，「匠之為車轄，須臾斫三寸之木，而

任五十石之重」才是真正的巧，得出其「利於人謂之巧，不利於人謂之拙」的結論。「公輸子製鵲」的故事中，墨子將巧拙觀從技術層面提升到以「利人與否」為評判標準的道德層面，更清晰的展現了其「利人為美」的設計美學觀。然而值得一提的是，不盲目沉溺於技巧、對造物技巧保持客觀冷靜態度的墨子，其本身卻正是一位至巧的大匠，其科學技術方面的成就絕不亞於其思想成就。

墨子的設計美學觀是其政治理想的延伸，其思想之所以在先秦諸子中獨樹一幟並成為顯學，就設計美學方面來講，在於其既能自下而上的提出規範和匡正造物設計的具體原則，又能超越造物活動本身，從更為廣闊的視角出發，主張透過約束設計行為來促使全社會形成崇尚節儉的風尚。墨子之學說內容弘富、涵泳廣泛，其造物設計美學具有濃厚的社會倫理意識；立身於切實的民本主義和樸素的實用主義，將造物的美歸因於「足用」和「利人」，使得其設計美學思想獨具一種倫理之美和人性的光輝。正如許多學者認為，墨子的學說在哲學、經濟、道德、倫理等方面都有超越時代之處，其理想主義和天下大同的社會藍圖也許不能在短時期內實現，然而卻理應成為人類的終極追求。

然而不得不說，從歷史的角度看，墨子的非樂主張也存在持論太過的缺陷，其對器物評價的功利標準缺乏長遠的科學發

展視角。一個社會完全否定實用之外的消費，其經濟和文化都不免面臨孱弱和單薄的境況；而暫時沒有實用價值的技術探索，也並非沒有潛在的科學價值和應用價值，事實上，相當一部分具有前瞻性的技術探索，都會對科技進步產生啟示與引導作用。

第五節　儒家的設計美學觀

　　對後世中國影響最為深遠的儒家，最關心的是群體生存秩序問題，從本質上看，其學說是關於人格理想和人倫關係的理論。從某種程度上來講，儒家的視野極少真正落到造物設計這類與物質生活相關的行為上，也從未真切叩問過人與物質創造及其產物的關係問題。孔子說，「君子喻於義，小人喻於利」，「義」是社會的正義和天下的道義，「利」是技藝以及技藝所產生的成果，乃至帶來的社會效應，君子是以道義為重的，只有小人才重實利。「義以為上」，或者說「重義輕利」是儒家的明確觀點，因而在儒家的理論體系中並沒有給予造物設計活動和產物專門的闡述。然而，在儒家的人格理想、人倫關係和社會秩序的建構之中，物質產品卻又扮演著重要的角色：對個人來講，器物是寄寓情志、比附道德的象徵；對社會來說，器物又是「禮」的道具和工具，將人與人的關係和整個社會的秩序攬括其中。可以說，儒家思想自上而下的將造物活動及其產物，切實的整合在了現實存在的宗法制社會之中。

第一章 先秦時期的設計美學

一、「禮」為核心的造物設計觀

　　「禮」是儒家思想的核心。《說文》解釋，「禮，履也，所以事神致福也」。「禮」的起源是奉神祭祖，「故禮上事天，下事地，宗事先祖，而寵君師，是禮之三本也」(《禮記·禮三本》)。儒家之所以看重禮，一方面因為其自古以來的地位，另一方面也因其在現實中作為規則、德性、制度和儀式的價值，所以孔子說，「不知禮，無以立也」。荀子也說，「人無禮則不生，事無禮則不成，國家無禮則不寧」(《荀子·修身》)。「禮」的思想透過禮制、禮器和禮儀得到傳達和實施，用以規範人與人的關係、維護社會的秩序，來保持人民思想的純正、禮法的健全乃至邦國的穩定。器以藏禮，造物因為「禮」的需求而遵守一定的形制和使用規範，是儒家「禮」的思想對器物設計最重要的影響。這一特點在本書前文中對《周禮·冬官》，也就是《考工記》的分析中已經提到過一些。

　　儒家學說認為，造物設計所表現的並不只是簡單的使用功能，而是透過器物及其關係來反映、影響、教化和約束人的德性、行為和秩序。於是，《禮記》有「觀其器而知其工之巧，觀其發而知其人之知」。器物可以鑑知百工的水準、民眾的思想和國家的秩序。早在儒家之前，以禮為核心的器物體系就已存在，只是由於缺少倫理價值思想的支撐，這一體系相對鬆散。當社會形態有所變化之時，「禮崩樂壞」的局面就出現了。針對

春秋戰國時期器物及其文化的混亂狀態，孔子曾發出「觚不觚，觚哉！觚哉！」的慨嘆，認為觚不像觚了。觚是一種酒器，上圓下方，有稜，在商周時期盛行。商周時期的觚器形較粗而矮，顯得厚重端正，但春秋戰國時期觚的形態變為上下都圓，且逐漸變得更為細長了。在孔子的觀念中，周禮是不能更動的，從井田到刑罰，從音樂到酒具，周禮規定的一切都是完美且神聖不可冒犯的。這裡孔子的慨嘆除了是有感於器物的改弦更張和名不副實，更是影射了當時社會「君不君，臣不臣，父不父，子不子」的狀況。因而，儒家對造物設計提出的要求是，「衣服有制，宮室有度，人徒有數，喪祭械用，皆有等宜。聲，則凡非雅聲者舉廢；色，則凡非舊文者舉息；械用，則凡非舊器者舉毀」（《荀子·王制》）。衣服的樣式、宮室的規格、侍從人員的多寡、喪葬祭祀所用器具，都根據身分等級各有相應的規定；音樂、紋飾、器用不符合形式規制，就應當禁止。當然根據情況不同，標準各異：禮有以多為貴者，有以少為貴者，有以文為貴者，有以素為貴者（《禮記·禮器》）。但無論如何，造物必須以「禮」為前提，只有在禮制範圍內的設計才是合理的。

二、「仁」為根本的造物設計觀

　　「仁」是儒家學說的重要思想，是道德規範的最高原則。「仁」的最初含義是指人與人的一種親善關係。《論語·顏淵》記：「樊遲問仁。子曰：『愛人。』」又曰：「克己復禮為仁。

一日克己復禮，天下歸仁焉。」可以看到，「仁」首先是「仁愛」。但除了仁愛之意，「仁」還從某種程度上支撐著「禮」，是個人的行為標準，也是社會的道德準則。在《論語》中，孔子講「仁」達到 100 多次，甚至比談論「禮」還多。孔子的思想中，仁是內心的自覺，禮是外在的規範，仁是思想，禮是內容；仁與禮結合，才能在賦予社會道德準則的同時，指出具體的實施途徑，社會生活才能有秩序。孔子說：「人而不仁，如禮何？人而不仁，如樂何？」（《論語·八佾》）仁禮結合，是孔子的理想。有了「仁」作核心，「禮」就不流於形式。孟子說：「親親而仁民，仁民而愛物。」（《孟子·盡心上》）透過愛物仁民，展現出社會秩序建構者的民生意識，建立行仁愛但仍有差別、有等級，但不過分對立的社會。

在動盪的春秋戰國時期，面對解決邦國穩定和現實民生的問題，就使得儒家的「仁」超越了單純的人與人親善關係的意義；儒家進一步將仁愛建立在對人情人性的寬容接受之上，主張關懷和滿足人的需求，引導造物設計發揮其「利」而使百姓受益。仁者愛人，愛人必須要了解人，荀子說：「人之情，食欲有芻豢，衣欲有文繡，行欲有輿馬，又欲夫餘財蓄積之富也，然而窮年累世不知足，是人之情也。」（《荀子·榮辱》）口腹之欲、耳目聲色都是不可迴避的人的欲望，荀子對這些人之常情持寬容接受的態度，認為物質產品的設計生產圍繞其展開也是合理的。「芻豢稻粱，五味調香，所以養口也；椒蘭芬苾，所以

養鼻也；雕琢刻鏤，黼黻文章，所以養目也；鐘鼓管磬，琴瑟竽笙，所以養耳也；疏房檖貌，越席床第几筵，所以養體也。」（《荀子・禮論》）器物上的雕飾刻鏤、服裝上的刺繡圖案，愉悅了人的視覺，宮殿居室、筵席几榻，蔭庇和呵護了人的身體，就應該容許和鼓勵。在「仁」的觀念下，荀子論證了造物設計存在的合理性，於是，更應有專人來司職「論百工，審時勢，辨功苦，尚完利，便備用」（《荀子・王制》）。當「農以力盡田，賈以察盡財，百工以巧盡械器」之時，「是之謂至平」（《荀子・榮辱》），士農工商各守其業，理想的昇平之世就實現了。更進一步的是，荀子還主張用積極態度來處理物與人的關係和矛盾，提出了「重己役物」的思想。他認為「人倫」是「物理」的中心，物的整飭要圍繞人展開，從人的倫理角度來對待物。他希望人能以自己的主體意識，發揮人格力量和理性的精神，把握、利用和創造物質世界，其最終目的還是要服務於人，展現「仁」的精神。其將人類的利益作為價值原點和道德評價的依據，具有人類中心主義的特點，這也正是儒家學說能夠成為顯學，並相較於其他諸家能夠對現實生活產生更大影響的原因。《荀子・王制》有言：「故天之所覆，地之所載，莫不盡其美，致其用，上以飾賢良，下以養百姓而安樂之。夫是之謂大神。」皇天之下、厚土之上，所有的物產都要在人的利用和創造下對人產生好處、造福百姓，造物設計自然不可例外，透過重己役物、物盡其用，讓百姓足享安樂，則天下大治即能實現。

三、設計美的理想：文質彬彬

　　「文質彬彬」是孔子提出的觀點。在《論語・雍也》中，孔子說「質勝文則野，文勝質則史。文質彬彬，然後君子」，將文質彬彬視為理想狀態。「文質彬彬」的提出，並不是特為針對造物設計的美而提出的，其內涵寬廣，可以涵蓋從具體的文學、藝術的創作法到較抽象的個人人格修為，因而，在各領域都有許多深入的研究和闡釋，要而言之，「文質彬彬」是內容和形式、內在美與外在美良好協調後的狀態呈現。從文化發展的歷史進程角度闡釋，「質」是指人類樸素的本質，「文」則可指文化的累積；「質勝文則野」是指沒有文化就會粗野落後，「文勝質則史」是指文化過於發達後，又反而失去了天真樸素的本性而顯得華而不實。對造物設計來講，「文」可以指文飾、裝飾，「質」可以指內在本質、實用。粗鄙簡陋和矯飾無用都各有其缺陷，造物設計應該處理好內容和形式的關係，不偏不倚，以適度的裝飾設計滿足人的精神需求，又以合理的功能設計滿足人的物質需求。

　　「文質彬彬」的審美理想與荀子「美善相樂」的思想具有相通之處。荀子在論述音樂的作用時認為，好的音樂能引人向善，潛移默化的以美的樂音引發美好的情感和良善的觀念，進而產生移風易俗的作用，曰：「故樂行而志清，禮修而行成；耳目聰明，血氣和平；移風易俗，天下皆寧。美善相樂。」（《荀子・樂

論》）事物既能滿足情感又具實際效用，可謂「美善相樂」。對造物設計而言，「美」可指物品的外觀形式，「善」則是其滿足人的實用需求，審美屬性和實用功能是不可偏廢的，猶如「文」與「質」要達到的協調與統一。「美善相樂」、「文質彬彬」展現了「美」與「善」、「文」與「質」的緊密關聯，但又不能將「美」與「善」或「文」與「質」等同視之。《論語‧顏淵》中有一段衛國大夫棘子成和子貢的對話，棘子成曰：「君子質而已矣，何以文為？」子貢曰：「惜乎！夫子之說，君子也。駟不及舌。文猶質也，質猶文也。虎豹之鞟猶犬羊之鞟。」大意是，棘子成說，君子有好的品質就行了，何必要那些表面的形式？子貢則感到遺憾，認為其太隨意，一言既出，駟馬難追，進而藉機論辯了「文」與「質」的差異性和「文」的重要性。事實上，由於「文」與「質」在具體事物中的高度統一，容易使人混淆，只見其相關性、不見其差異性，甚至以為「文」與「質」本為同一，進而抹殺「文」的存在價值。在重質輕文、先質後文的語境之下，「文」的重要性、其與「質」的差異性普遍容易被忽視，子貢以「虎豹之鞟」與「犬羊之鞟」（去了毛的虎豹和去了毛的犬羊）作喻，說明「文」正是區分兩者的重要因素，「文」與「質」皆有所宜用，對「文」與「質」具有同樣重要的價值進行了有力的論辯。《荀子‧禮論》又說，「無性則偽之無所加，無偽則性不能自美」，「性」是事物的本性、本質，「偽」即「人

為」，是人對物的裝飾設計，即是說，沒有事物本身，裝飾無所依附，而沒有人為的裝飾設計，事物也不能自行發揮其美，只有裝飾與合目的性並存才能再現質的美。此句在理清文質關係的基礎上充分肯定了「文」的美學價值與作用。此外，荀子的「美善相樂」中，由「美」向「善」的遷移變化，還透露出「美」與「善」之間存在著的互文性和本質相關性。同樣的道理，事物的「文」、「質」關係也應該具有本質上的相關性：特定的內在屬性以合適的外在形式呈現，外在的文飾與修辭又要有針對性的表達本質結構和功能，因此，「文」與「質」不是簡單的組合，而是要達到高度的契合，表裡一致，非如此，不能稱之為「文質彬彬」。對具體的器物設計而言，「文」與「質」的關係可以理解為形式與功能的關係，因此，器物的形式與功能不能是一種任意的自由組合，而是要使外在與內在「參互成文」。借用修辭學的術語，「文」與「質」應該是「互文」的，即理想的設計不是「文」與「質」的任意結合，而是在某種規律控制下的必然選擇。

第六節　道家的設計美學觀

　　道家思想起始於春秋末期的老子，老子和莊子是先秦道家的代表人物。漢初開始用「道」一詞來概括由老子開創的這個學派，道家與儒、墨、名、法、陰陽六家，是諸子百家中被後世認知最多的思想流派，也是春秋戰國時期最主流的思想。「道」

是道家思想的核心和最高範疇。老子的《道德經》指出,「道生一,一生二,二生三,三生萬物」、「有物混成,先天地生,寂兮寥兮,獨立而不改,周行而不殆,可以為天地母。吾不知其名,強字之曰『道』」。道家認為,道是天地萬物的本源和規律,自然而無為、無形而實存。道家在天道自然無為、人道順其自然的天人關係的架構中展開其思想體系,以深邃玄妙的語言和高蹈隱逸的態度觀照世界,絕禮去仁、絕聖棄智,獨具一種超邁脫俗、返璞歸真的精神氣質。老莊言論作為道家思想的經典,與其他諸家不同的是,其在觀察和評價任何具體的人物事情時,都會從宇宙規律和天人關係的角度闡述其本質、發掘其意義。因而,造物設計本身及其與人和社會生活的關係,也常常成為道家思想者進行哲學之思的素材。李硯祖曾說,「中國古代的設計思想本質上是哲學的」,此論點對道家的造物設計思想尤為適用。道家思想中,莊子「以天合天」的觀念強調以自然之道統攝技藝之事,創造的過程、所創作的作品,都以符合自然規律為最高境界,此論是道家設計美學觀的核心觀點。

一、創造心態

　　手工業者在先秦時代名之曰「百工」,其身分一部分是自由平民,另一部分則具有依附性,社會地位整體而言較為低下。夏商兩代工匠以自由人為主要組成部分,在王室及貴族作坊中也有部分奴隸。作為自由人的工匠在社會中因其職業的重要

性，地位高於一般平民；作為奴隸的工匠則對貴族和皇室具有絕對的依附關係。[11]西周工匠地位稍有提升，但官營手工業中，工匠的絕對人身依附還是存在，且對其管理更加嚴密；《禮記‧月令》載：「是月也，命工師校功。陳祭器，按度程，毋或作為淫巧以蕩上心，必功致為上。物勒工名，以考其誠，工有不當，必行其罪，以窮其情」，說明官方對工匠的管束和賞罰已有成熟的制度。鑑於工匠的身分與地位，諸家思想中，大多只將其作為手工行業運轉中最低階的一環，於是有「知者創物，巧者述之，守之世，謂之工」之說，並非將工匠作為創造的主體。與其他諸家不同，莊子對工匠的認知，使之有了脫離純粹體力勞作而接近於藝術創造層面的價值和意義。莊子尤其強調技藝的主體在創作中的心態，即是勞作的過程中要排除一切主客觀的干擾，達到「虛靜」的精神狀態，才能進入創作的至境。《莊子‧達生》中記載：梓慶削木為鐻，鐻成，見者驚猶鬼神。魯侯見而問焉，曰：「子何術以為焉？」對曰：「臣工人，何術之有？雖然，有一焉。臣將為鐻，未嘗敢以耗氣也，必齋以靜心。齋三日，而不敢懷慶賞爵祿；齋五日，不敢懷非譽巧拙；齋七日，輒然忘吾有四肢形體也。當是時也，無公朝，其巧專而外骨消。然後入山林，觀天性，形軀至矣，然後成見鐻，然後加手焉；不然則已，則以天合天，器之所以疑神者，其是與！」梓

11　蔡鋒：〈夏商手工業者的身分與地位〉，《中國經濟史研究》2003 年第 4 期。

慶的絕技不僅在其眼與手，更在於其創作心態，也即是承認了
手工技藝不僅是體力勞作，也是精神勞作。於造物之前排除雜
念、精修用心，達到忘我之精神狀態，才能感受天意、順乎天
理，進而「獨與天地精神往來」，創造出「驚猶鬼神」的作品。
《莊子·知北遊》記載：大馬之捶鈎者，年八十矣，而不失豪芒。
大馬曰：「子巧與？有道與？」曰：「臣有守也。臣之年二十而
好捶鈎，於物無視也，非鈎無察也。是用之者，假不用者也，
以長得其用，而況乎無用者乎！物孰不資焉！」在專精於技藝
的捶鈎者眼中和心中，二十年來，除了鈎狀物再無他物，一心
一意的觀察和揣摩，以至於心無旁騖、無暇旁顧，這意味著創
造主體已經進入一種高度自由的心理狀態。黑格爾說：「審美帶
有令人解放的性質。」[12] 審美總是和精神的自由連結在一起的，
可以說，梓慶的虛靜忘我和捶鈎者的心無旁騖，都是精神自由
的表現，是審美心理狀態的一種形式。

二、自然為美

　　造物設計是人對自然的改造和利用的過程，這個過程中，
人對自身與自然關係的認識決定著人的實踐方式和方向。道家
思想在此問題上，主張人的無為，即人要尊重自然、順物自
然，強調人與自然的合一。老子《道德經》說：「人法地、地法
天、天法道、道法自然」，認為自然是最高的法則，反映著最基

12　［德］黑格爾：《美學》（第一卷），商務印書館 1979 年版，第 147 頁。

本的結構和運行規律。莊子也主張尊重自然、順物自然，甚至造物設計的某些技藝和工具的利用也不支持。《莊子·天地》篇中描述了這樣一個故事：子貢南遊於楚，反於晉，過漢陰，見一丈人方將為圃畦，鑿隧而入井，抱甕而出灌，搰搰然用力甚多而見功寡。子貢曰：「有械於此，一日浸百畦，用力甚寡而見功多，夫子不欲乎？」為圃者仰而視之曰：「奈何？」曰：「鑿木為機，後重前輕，挈水若抽，數如泆湯，其名為槔。」子貢向灌溉圃畦的老人推薦「槔」，省力省時。然而老人並不接受，其回答是：「有機械者必有機事，有機事者必有機心。機心存於胸中，則純白不備；純白不備，則神生不定；神生不定，道之不載也。吾非不知，羞而不為也。」莊子藉此故事表達其對功利機巧的戒備，以及反對利用機械改變事物本來狀態的觀點。莊子將技藝的人為性，視為與道的自然屬性相對立的因素，不主張因利用機械技術而「害道」。莊子說，「天地有大美而不言」（《莊子·知北遊》），因自然即美而主張無為的觀點，使得莊子對造物設計利用和改造自然的行為及其價值，持基本否定的態度，他說，「百年之木，破為犧尊，青黃而文之，其斷在溝中。比犧尊於溝中之斷，則美惡有間矣，其於失性一也」（《莊子·天地》）。為了製作犧尊砍下百年之木，木頭部分在雕刻髹飾下變美，部分棄於溝中變醜，然而，無論如何都是木頭天性的喪失。《莊子·馬蹄》又有：陶者曰「我善治埴」。圓者中規，方

者中矩。匠人曰「我善治木」。曲者中鉤，直者應繩。夫埴木之性，豈欲中規矩鉤繩哉！即是說，陶工和木匠能將陶泥和木材按照人的需求做形態加工，是不符合材料的自然屬性的，也是對自然的扭曲。莊子以自然為美的理念根植於道家特有的天人合一觀念。道家的天人合一觀與儒家的天人合一觀存在著本質的不同，儒家以人倫物序比附上天之道，希冀透過天人相感來預測、影響和控制人和社會，而道家更多因對天道的敬畏與順從而對人道主張無為，這使得莊子在成為一個自然守衛者的同時，也成為一個實踐的虛無者。

三、體道為美

　　如果按照道家的主張絕對的順物自然，造物設計及其技藝顯然會陷於完全無用的境地。然而，或許我們可以將絕對的順物自然視為道家的一種理想，而在理想之外的現實世界中，道家思想還是在試圖為客觀存在的造物設計及其技藝尋找一個價值的座標點。因而，造物技藝及其價值的論述在道家思想的言論中也仍然存在。《莊子・馬蹄》篇中說：「彼民有常性，織而衣，耕而食，是謂同德。」耕織以自給是人之常性，其存在也是合理的。具體而言，勞動創造的技藝，也可以經由一般的掌握到熟練的運用，最後達到對「道」的掌握和體認。莊子說：「庖丁為文惠君解牛，手之所觸，肩之所倚，足之所履，膝之所踦，砉然向然，奏刀騞然，莫不中音。合於《桑林》之舞，乃中

《經首》之會。文惠君曰：『嘻，善哉！技蓋至此乎？』庖丁釋刀對曰：『臣之所好者道也，進乎技矣。』」（《莊子‧養生主》）文惠君盛讚其技藝之時，庖丁將話題引向了「道」。庖丁自述其所好，不是好在運道於技，而是好在運技體道、運技成道，即是說，技術高妙就會感受到「道」的玄奧。「技近乎道」是莊子在這裡提出的一個重要概念，強調在掌握一般的技藝、技術和技巧的基礎上，可以透過掌握內在規律，最終獲得更完美的實踐結果和近乎於審美的體驗過程。爾後，庖丁陳述了其多年來解牛的實踐過程和經驗體會，如何做到「神遇而不以目視」和「遊刃有餘」的解牛。藉此，莊子強調的是，長期實踐和掌握規律是「得之於手而應於心」（《莊子‧天道》）的前提，也是達到技藝至境並「體道」的唯一途徑，也即是說，技術越是精進，對「道」的體認也就越深切。很顯然，此番論述中技術的價值也就不言自明了。《莊子‧天論》曰：「通於天者，道也；順於地者，德也；行於萬物者，義也；上治人者，事也；能有所藝者，技也。技兼於事，事兼於義，義兼於德，德兼於道，道兼於天。」莊子認為，「技」在價值鏈的最低端，而「道」在價值鏈的高端，僅次於「天」；縱然如此，透過「技——事——義——德——道」的連結和昇華，「技」的價值仍然可以得到轉化和實現。

第二章
秦漢時期的設計美學

第二章　秦漢時期的設計美學

　　戰國後期，秦國注重農業生產和水利，大力獎勵軍功，軍隊裝備優良，成為諸侯國中實力最強的一個。秦王嬴政繼位後，先後粉碎了楚、趙、魏、韓等國合縱對秦的軍事進攻，平嫪毒之亂，出動大軍橫掃六國舊勢力。在西元前 221 年，建立了中國歷史上第一個統一多民族的中央集權國家。秦代首創了皇帝制度、以三公九卿為代表的中央官制以及郡縣制，徹底打破自西周以來的世卿世祿制度，強化了中央對地方的控制，奠定了中國大一統王朝的統治基礎。嬴政死後，秦二世胡亥與趙高合謀篡改秦法，導致大規模平民暴動起義。西元前 206 年，秦王子嬰向劉邦投降，秦朝滅亡。劉邦稱帝建立漢朝，漢承秦制。封建帝制在漢代得到了鞏固完善，漢代分為西漢和東漢兩個時期，共歷二十九帝。秦漢時期生產力水準提升較大，在農業得到充分發展的基礎上，手工業也得到了極大發展。到了漢代，手工業門類趨於齊全，冶鐵、鑄銅、紡織、漆器、木工、製陶、玉器等領域成就和影響較大。

　　作為歷史上第一個大一統時代，秦漢兩代都有意識的在政治、經濟和文化方面梳理歷史、探討得失，從而進行制度建設。手工行業及其產品既具有國計民生的現實意義，又具備服務皇權及禮制社會的符號價值，因而也備受關注、討論和控制。整體而言，大一統的帝制國家在制度建設和文化建設的過程中，潛移默化的使秦漢兩代的造物設計產生了標準和程序的

概念；同時，秦漢兩代的設計觀念在許多方面也延續和發展了先秦時期的設計觀念，尤其是源於先秦宇宙意識的陰陽五行觀念，全面的影響了秦漢造物設計的各個方面。漢初，出於恢復經濟、穩定社會的考慮，執政者採取了「休養生息」的政策，社會意識形態中黃老之學占據主流，具有雜家傾向的《淮南子》一書是這一時期思想領域的集大成者；隨著西漢中後期儒家學說逐漸統領意識形態領域，思想家針對造物設計所闡述的審美和價值觀念，也都表現出明顯的儒學特點。

第一節　大一統建設中的設計

「六王畢，四海一」，秦代建立了大一統的中央集權帝國，實行郡縣制，將全國初步劃為 36 郡。漢代一方面繼承郡縣制，另外又增設諸侯王國和侯國，王國領有屬郡，侯國相當於縣，但直屬中央。漢武帝元封五年（西元前 106 年）始設部刺史，除近畿六郡外，將所有郡國分為 13 刺史部，漢元帝初元三年（西元前 46 年），天下共有 103 郡國。這一體制延續至東漢。政治、經濟和文化上的大一統建設是秦漢兩代的重要特點。「大一統」一語，最先出自《公羊傳・隱公元年》：「何言乎王正月？大一統也。」東漢經學家何休注《公羊傳》「大一統」句時，曰：「統者，始也，總繫之辭。夫王者始受命改制布政，施教於天下。自公侯至於庶人，自山川至於草木昆蟲，莫不一一繫

於正月。故云政教之始。」唐徐彥疏：「王者受命，制正月以統天下，令萬物無不一一皆奉之以為始，故言大一統也。」《漢書·王吉傳》：「《春秋》所以大一統者，六合同風，九州共貫也。」可見在春秋時期，關於天下統一和王權絕對權威的大一統思想即已產生，是一種包含了政權、所有權和道德倫理的統一的文化形態。到了戰國時代，「大一統」的民族意志更日甚一日。孟子呼籲「天下定於一」（《孟子·梁惠王上》），荀子提倡「四海之內若一家」（《荀子·議兵》），都是這一時期期待國家統一心態的反映。戰國末年的《呂氏春秋》一書指出「亂莫大於無天子」（《謹聽》），主張「必同法令」（《不二》），認為「善學者，假人之長以補其短，故假人者遂有天下」（《用眾》），明確提出了思想文化上的取長補短、相容並蓄，以形成可以在意識形態領域一統天下的理論。及至秦王「滅諸侯，成帝業，為天下一統」之時，封建王朝全國大一統的具體實踐更為切實的在國家治理的各方面展開。在領土和主權確立之上，秦朝的「大一統」落實在了政治制度的統一、經濟制度和思想文化的高度集中之上，在中央設立了皇帝統領下的以丞相為核心的官僚體系，在地方推廣郡縣制。此外，還採取了一系列鞏固中央集權的措施：統一文字、度量衡及貨幣，銷毀兵器，決通川防、廣修馳道以及「焚書坑儒」等。秦代從統一到滅亡雖然只有 15 年，但其「大一統」的治理理念和制度建設，在漢代得到繼承、

改良和鞏固。漢承秦制，漢代不僅對秦代的吏制、律制和賦稅制度等政治和經濟制度全面繼承，而且也一定程度上延續了秦代的社會和文化制度：在叔孫通的主持下，以秦的禮樂制度為基礎制定了漢王朝的禮樂制度；在張蒼的主持下制定了曆法及度量衡制度。在秦代奠定並在漢代得以鞏固、以「大一統」為特點的封建國家和社會制度影響了其後幾千年的中國歷史，因而有「百代猶得秦政法」之說。秦漢兩代在政治、經濟和文化方面的「大一統」建設透過手工業制度和社會制度發生影響，使物質文化及其設計製造呈現出明顯的變化。

其一，造物設計建立了完備的生產、管理和制度體系。秦漢時期，從中央到地方，形成了一個專門為官府及宮廷所需製作日用器物、軍械、服飾、金銀器物和車輿的生產體系，包括了金、木、漆、陶、皮革、絲麻、練染等諸多專業工種和各種工官。在先秦奴隸制時期，「百工」大多為具有人身依附關係的奴隸擔當，商業也由官府經營並由賈人服役，故有「工商食官」的說法。《呂氏春秋·上農》說：「凡民自七尺以上，屬諸三官，農攻粟，工攻器，賈攻貨」，各司其事。從事手工業的「百工」，「不貳事，不移官，出鄉不與士齒」。因此，在奴隸制下，基本上不存在私營手工業與商業。春秋戰國之際，隨著奴隸制的逐步解體，「工商食官」的格局也被打破，逐步形成了官、私手工業並存的局面。秦統一後，著手對手工業進行了嚴

第二章　秦漢時期的設計美學

格的管理，發展官營手工業的措施使得其體系更為完備，而對民間私營手工業則採取抑制，只允許少量家庭手工業的存在。1975 年湖北雲夢睡虎地出土的秦簡資料顯示，官府手工業對產品的品種、數量、品質、規格和生產定額，甚至對勞動者的訓練和考核，度量衡的檢校等，都有詳細具體的規定。如，秦簡「工人程」段中就有根據工匠的年齡、性別、技術等對工作量的考核標準：根據年齡，規定「小隸臣妾可使者五人當工一人」，即可役使的七歲以上兒童，五個人的工作量相當於一個工匠的工作量；根據性別，規定「隸妾及女子用箴（針）為緝繡它物，女子一人當男子一人」，即隸妾和女子製作刺繡等產品，女子一人相當男子一人計算。[01] 其他如對勞作季節、工酬等的規定細節不一而足。從《漢書·百官公卿表》及《續漢書·百官志》看，手工業管理機構及官吏名稱非常詳細，官署和官員體系完整，勞動者則根據能力地位不同有工師、工匠、徒、隸等。漢代時，在河內郡、河南郡、潁川郡、南陽郡、泰山郡、濟南郡、廣漢郡、蜀郡設置「工官」，對各種手工業生產進行管理，供給皇室使用的器物則由尚方令管理。秦簡的《工律》、《司空律》、《效律》等律令還顯示，為保證產品的數量和品質，官府手工業中對手工業生產者從技術水準、勞動定額到稟給制度，都以法律的形式做了明確規定，並嚴格檢查制度，所製之器不僅要刻

01　雲夢秦墓竹簡整理小組：〈雲夢秦簡釋文（二）〉，《文物》1976 年第 7 期。

上工匠之名，還要刻上督造者和主造者之名，以便逐級追查產品品質的責任人，把戰國盛行的「物勒工名」制度以更為仔細的律令落實下來。

　　其二，嚴格有序的手工業管理，使得秦漢造物設計逐漸萌生了標準化的意識和程式化的方法。「六王畢，四海一」，完成統一大業的秦始皇開始推行包括文字、度量衡和其他一些事關生產生活領域的標準化。《史記・秦始皇本紀》記載其立國之初頒布的詔令中有：「一法度衡石丈尺，車同軌，書同文字。」「車同軌」與「輿六尺」在統一後相繼實施。戰國時各地馬車大小不一、車道寬窄也不等，在統一後拆除之前由於邊界劃定和征戰建立的關塞、堡壘後，規定車的兩輪之間距離一律為六尺，車輪間距相等的情況下，道路的寬度也就便於確定；後又陸續修建了以咸陽為中心的三條馳道：一條向東直通燕、齊地區，一條向南直達吳、楚地區，還有一條為了加強對匈奴的防禦，從咸陽直達九原的直道。度、量和衡，分別是長度、容積和重量的標準，秦王朝建立之前，各個諸侯國的度量衡不盡相同，秦統一後，制定了推行統一度量衡的法律，頒布正規的度量衡器具和制定度量衡器具檢定的法律制度。以「衡」為例，秦代的衡制計量單位有石、鈞、斤、兩、錙、銖，其衡制為：1 石＝ 4 鈞＝ 120 斤，1 斤＝ 16 兩，1 兩＝ 4 錙＝ 24 銖。為保證實施，度量衡器具必須由中央統一製作，山西省考古所存有一枚目前所知的最重的鐵權。量器大多為農產品和液態物使用，周代以

前容量單位常以人的身體計量，以一手所能盛的叫做溢，兩手合盛的叫做掬，掬是最初的基本容量單位。《小爾雅‧廣量》記載「掬四謂之豆」，《左傳‧昭公三年》記載「四升為豆」，掬等同於升。以兩手所盛的量為基準，按四進有豆、區、釜，按十進有斗、斛。秦始皇頒布的銅方升，容積約 210 毫升至 215.65 毫升；漢代量具存世較多，升容積為 198 毫升至 200 毫升。西漢末年，劉歆總結了先秦以來度量衡的發展，把單位量值、進位關係、標準器的形制詳細記錄下來，收入《漢書‧律曆志》。秦的度量衡統一不僅對其推行政令有利，而且也利於造物和設計的標準化。秦代以後，許多規模製造的器物的尺寸、紡織品布匹的幅寬、漆器用料的重量都逐漸有了統一的標準。秦簡《工律》中明確規定：「為器同物者，其小大、短長、廣亦必等」，即同種類型的器物，其規格尺度必須一致，同類合併、大小分類。秦始皇兵馬俑二號俑坑內出土有銅矛、銅弩機、銅鏃、殘劍等，其中還有 19 把青銅劍，每把劍造型完全一致，長度都為 86 公分，劍身共有八個稜面，八個稜面之間也幾乎無誤差。出土的 4 萬餘支箭鏃中，絕大多數為三稜形銅鏃，三稜形銅鏃有大、中、小三種規格，大型銅鏃長 41 公分，鏃首長 4.5 公分；中型鏃長 33 公分，鏃首長 3.4 公分；小型鏃長 15 公分，鏃首長 2.8 公分。出土的銅製弩機製作有序，規格一致，其關鍵零部件誤差極小，可以通用。可見，兵器的生產已經在規格化、系

列化的設計上實現了標準化生產。[02] 而包括秦始皇陵兵馬俑在內的秦漢時期陪葬俑的製作更充分顯示，在大規模製作中，程序化的設計和模件化的生產已是秦漢時期造物設計的最常用手法。

第二節　《淮南子》中的設計美學思想

　　《淮南子》又名《淮南鴻烈》，是西漢淮南王劉安與其門客共同編纂的一部文集，因其思想兼有先秦諸家學說的特點，《漢書·藝文志》將其歸於雜家。[03]《淮南子》的成書，依其所涉及的內容判斷應該在西漢前期，書中總結了秦末至漢初七十年間治政的成敗得失，又以敘議結合的文筆「紀綱道德，經緯人事，上考之天，下揆之地，中通諸理」（〈要略〉），廣泛吸收了諸子百家的思想成果。一般認為，劉安主編其書是為了入朝獻給執政伊始的武帝，為其提供一套以黃老道學為思想基礎的治國方略。《淮南子》因內容龐雜、思想豐富，被唐代劉知幾譽為「牢籠天地、博及古今」（《史通·自敘》），它廣涉哲學、地理、律法、農事、醫術、技藝等諸多方面，雖不是特為手工業的造物技術和設計思想編纂，然而其對宇宙、自然和社會的論述中流露出的美學觀念，以及部分論及工藝製作的言論，卻是走進漢代早期造物思想和設計觀念的一條必經之路。正如有學者認

02　袁仲一：《秦兵馬俑坑》，文物出版社 2003 年版，第 95 頁。

03　所謂「雜家」，是指「兼儒墨，合名法，知國體之有此，見王治之無不貫」。亦即融合了各種不同思想的長處，為「王治」提供整體性的方策。

為其價值在於兩方面：「一是針對造物活動闡述的設計與生產等多領域的認知觀念；二是造物活動全過程所展現出的設計文化的內涵。」[04] 具體而言，包含了豐富的材質觀、功能觀、審美觀，以下擷其思想之精髓論之。

其一，《淮南子》繼承了道家崇尚自然、清靜無為的思想，著力強調自然美，將自然之美視為「大巧」，因而，主張不以人為的雕飾去傷害天然之美。〈泰族訓〉中有：「天地所包，陰陽所嘔，雨露所濡，化生萬物，瑤碧玉珠，翡翠玳瑁，文彩明朗，潤澤若濡，摩而不玩，久而不渝，奚仲不能旅，魯般不能造，此謂之大巧。」天地造化之神功化生萬物，萬物無須外界的雕琢文飾而自美其美。正因其肯定自然之美，便有了對於自然之物產的著意狀寫：「東方之美者，有醫毋閭之珣玗琪焉；東南之美者，有會稽之竹箭焉；南方之美者，有梁山之犀象焉；西南之美者，有華山之金石焉；西方之美者，有霍山之珠玉焉；西北之美者，有崑崙之璆琳琅玕焉；北方之美者，有幽都之筋角焉；東北之美者，有斥山之文皮焉；中央之美者，有岱嶽以生五穀桑麻，魚鹽出焉。」（〈地形訓〉）無論竹木犀皮還是金石珠玉、菅蒯絲麻，都是人類造物的材料和人力改造的對象，對材質之客觀存在的美的本質的認識，是有效進行造物和設計的基礎。甚至許多情況下，天然之物的美已足夠，以人工技藝

04　夏燕靖：《中國古代設計經典論著選讀》，南京師範大學出版社 2018 年版，第 84 頁。

戕害事物的天然之美則為多餘，於是乎〈說林訓〉中有言，「白玉不琢，美珠不文，質有餘也」。〈詮言訓〉中更有「飾其外者傷其內，扶其情者害其神，見其文者蔽其質，無須臾忘為質者，必困於性。百步之中，不忘其容者，必累其形。故羽翼美者傷骨骸，枝葉美者害根莖，能兩美者，天下無之也」。《淮南子》中這種強調天然之美，主張任由天性的態度，與其對道家思想的繼承無不相關。西漢初年，春秋戰國戰亂連年的記憶和大秦帝國鐵腕強權的餘威，都未曾在人們心中走遠。天下初定，在民生凋敝、社會心態因長期緊繃而顯露疲態之時，不僅政治制度很快的接受了「休養生息」的策略，而且文化心態和審美取向都呈現出思靜求安、清靜無為的時代特點。《淮南子》對自然之美的極度推崇正是其繼承道家、崇尚黃老的直接表現。

　　其二，《淮南子》在先秦的宇宙哲學和天道自然觀之上，融入了南方楚文化奇詭的想像力和浪漫的氣息，流露出對大氣磅礴、浪漫瑰麗的審美風格的追求。以項羽、范增、劉邦、蕭何等楚人為核心的中堅力量推翻了秦朝，建立了漢朝，楚文化在相當大的程度上決定了漢代審美意識的基因。儘管漢代繼承了秦的制度，但在文化上受楚的影響深刻而久遠。來自南楚故地的文學和藝術夾帶著一種更具原始生命力和自由精神的審美意識，與先秦北方的理性精神形成了鮮明對比。〈天文訓〉中受先秦道家和陰陽家的影響，描述世界生成於「太始」，於陰陽四時

交替運行中包納萬物，顯示出包容一切的磅礡氣象。當楚文化追求瑰麗神奇的浪漫氣質熔鑄於其中，使《淮南子》獨具鮮明的風格追求。既有吞吐天地的氣勢，又具瑰麗奇詭的想像，豐富而絢麗、深沉而雄大。〈泰族訓〉有「夫觀六藝之廣崇，窮道德之淵深，達乎無上，至乎無下，運乎無極，翔乎無形，廣於四海，崇於太山，富於江河，曠然而通，昭然而明，天地之間無所繫戾，其所以監觀，豈不大哉！」寥寥數語，恢宏大氣、瑰麗神奇的審美意象躍然眼前，實為漢代整個社會尊法天道、崇尚宏大的寫照。觀乎漢代宮殿建築群和陵寢的規模，即可印證這種對宏大、雄偉的形式風格的追求。漢武帝修建茂陵徵募工匠、徭役數萬人，歷時 53 年，建成後的茂陵「高 14 丈，方 140 步」（《關中記》），現代的測量為總占地面積 56,878.25 平方公尺，恢宏莊重。武帝時營建的宮殿規模也前所未有，長安城西之建章宮、城內之桂宮、明光宮等宮殿成為城市的主體，長樂、未央兩宮面積約占全城的一半；西漢長安城面積約 36 平方公里，宮室面積占到城垣內總建設用地面積的三分之二。足可見崇尚宏大、追求雄偉的設計審美取向之明顯。《淮南子》中的狀寫與描繪，始終以一種激昂的格調，傳達了漢代早期向上發展中的帝國自上而下崇尚博大之美、雄偉之美的設計審美理想。

　　除以上兩種比較明顯的設計整體形式風格的追求和偏好之外，《淮南子》還透過闡述一些具體的造物設計觀，傳達出其設計審美的價值觀。

一、相宜為美

造物設計是綜合考慮和處理好技與藝、物與人、用與美等多重關係的過程，可以說關係的和洽、適度是設計的最高目標，在《淮南子》中，以「宜」為關鍵字闡釋了這種造物設計關係的追求和目標。〈齊俗訓〉說，「馬不可以服重，牛不可以追速，鉛不可以為刀，銅不可以為弩，鐵不可以為舟，木不可以為釜。各用之於其所適，施之於其所宜」。就像馬不能用來負重，牛不能用來奔跑一樣，鉛不能用來鑄刀，銅不能用來製弩，鐵不能用來造船，木不能用來做鍋，各種材料都應該各有其用。「水火金木土穀，異物而皆任；規矩權衡準繩，異形而皆施；丹青膠漆，不同而皆用，各有所適，物各有宜。輪圓輿方，轅從衡橫，勢施便也；驂欲馳，服欲步，帶不厭新，鉤不厭故，處地宜也。」（〈泰族訓〉）水火金木土穀，不同物性都有其作用，規矩權衡準繩，形制不同都有其功能，丹青膠漆，性質各異，都有其用途；車輪是圓的，車廂是方的，車轅是直的，車衡是橫的，都是出於使用的要求。驂馬要快，服馬要慢，衣帶要新，衣鉤須舊，都與它們的用途相適宜。因為物各有其性，因而也就「物各有宜」；設計者只有讓材料和物品各處其宜，才能更好的利用物性。〈泰族訓〉進而說，「夫物有以自然，而後人事有治也。故良匠不能斲金，巧冶不能鑠木，金之勢不可斲，而木之性不可鑠也。埏埴而為器，窬木而為舟，鑠鐵而

為刃，鑄金而為鐘，因其可也」。意思是萬物是先有自己的規律，而後人才能按規律去整飭，是故，再好的木匠也不能砍斫金屬，再巧的鐵匠也熔鑄不了木料。黏土製陶、鑿木成舟、煉鐵造劍、鑄銅為鐘都是遵循物性而為。因而，「地宜其事，事宜其械，械宜其用，用宜其人」（〈齊俗訓〉），環境、工具、技術和工匠本身，都必須處在相宜、和洽的狀態下，造物設計才可能良性運作。

二、專技為美

專技，意為專於一技，按現代設計的思維可以理解為技術分工。《淮南子・道應訓》複述了《莊子・知北遊》中曾記載的「大馬之捶鉤者」的故事：八十歲的老者捶鉤不失豪芒，技巧僅在於其「有守也」，幾十年來專精於一種技藝，以至於心無旁騖，「於物無視，非無察」。在《莊子》中，這個故事的意義在於論說「技近乎道」的手工技藝的價值。然而在《淮南子》中說此故事，更多是對「工無二技」的專業精神的強調。其認為，老者六十年無所旁顧的專研捶鉤，全心全意的投入，才得以獲得更高的技巧。正如〈主術訓〉云：「故古之為車也，漆者不畫，鑿者不斫，工無二伎，士不兼官，各守其職，不得相奸。人得其宜，物得其安，是以器械不苦，而職事不嫚。」意思是分工明確、各司其職，人人各得其宜，萬物各安其處，因此器械不粗劣，職事不懈怠。漢代生產力發展後，生產規模擴大，造物設

計的標準化和規格化成為一種趨勢，專業分工也勢在必行。前文曾以秦始皇陵兵馬俑坑出土的兵器為例，論述過秦代造物設計規格化、標準化已經出現的事實。在漢代，造物設計繼續發展，專業化的分工更成為一種自覺。透過專業分工，使工匠更專精於一種技藝，去適應標準化的生產過程以提高器物品質和工作效率。大英博物館藏一件漢代漆杯，橢圓形，直徑約 17 公分，外壁鑲嵌黃金與青銅，幾何紋樣的背景上繪有數對相向而立的鳥。值得注意的是，杯底刻有 67 個小字，包括六位不同工種工匠和七位監督人員的名字，顯示了漆杯的製作至少是有包括木、漆、銅、金和彩繪等六個工種和程序完成。在細密分工的基礎上，緊密協作，「一器而工聚焉」。從這個意義上說，以畢生精力鑽研一種技術，持守「工無二伎，士不兼官」的原則，也是當時手工業發展趨勢下造物設計思想的必然產物。

三、創新為美

創新，是現代設計中常常使用到的概念。在今天人們看來，很難離開創新去談設計。甚至有人說，設計就是創新，創新是設計的生命，沒有創新的設計是沒有價值的。所有這些都說明，打破常規，在材料、工藝、技術、功能、風格方面賦予造物活動過程或者其產品以新的內容，都是極有價值的。早在漢代，《淮南子》中也表達了相同的價值觀。〈氾論訓〉云：「古者民澤處復穴，冬日則不勝霜雪霧露，夏日則不勝暑蟄蚊虻。

第二章　秦漢時期的設計美學

聖人乃作，為之築土構木，以為宮室，上棟下宇，以蔽風雨，以避寒暑，而百姓安之。伯余之初作衣也，緂麻索縷，手經指掛，其成猶網羅。後世為之機杼勝復，以便其用，而民得以掩形禦寒。古者剡耜而耕，摩蜃而耨，木鉤而樵，抱甀而汲，民勞而利薄。後世為之耒耜耰鋤，斧柯而樵，桔槔而汲，民逸而利多焉。古者大川名谷，衝絕道路，不通往來也；乃為窬木方版，以為舟航。故地勢有無，得相委輸。乃為蹻蹻而超千里，肩荷負儋之勤也，而作為之楺輪建輿，駕馬服牛，民以致遠而不勞。為鷙禽猛獸之害傷人，而無以禁御也；而作為之鑄金鍛鐵以為兵刃，猛獸不能為害。故民迫其難，則求其便；困其患，則造其備。人各以其所知，去其所害，就其所利。常故不可循，器械不可因也。」這段文字回顧了先民如何從艱難的生存到艱辛的創物，為基本的生存條件改善而建造房屋、紡線織布，爾後又發明手工機械務農事工。歷史發展到漢代，客觀的說，不僅先民那種生存的窘境已經得到了改善，而且造物設計已達到了一個較高的水準。漢代手工業門類趨於齊全，冶鐵、鑄銅、紡織、漆器、木工、製陶、玉器等領域都成就頗豐，各行各業已從草創期過渡到了發展期，其追求目標也就從「創造」提升為了「創新」。以銅燈為例，漢代設計在實用性、人機關係、科學性方面的創新前所未有，燈具的造型、寓意與其功能完美結合，將實用功能和精神功能高度統一。中山靖王劉勝之妻竇綰墓出土的長信宮燈，造型仿生、結構緊密，燈盤可以轉動，

燈罩能自由開合以調節光照方向及大小，宮女右袖為空管，用以排出油煙，整座燈以組合式設計在功能和形式上開創了一個新的高度，印證了《淮南子》中對創新之美的推崇。「常故不可循，器械不可因」，《淮南子》從人類物質文化歷程出發，闡述了不可因循守舊的創新設計審美觀，反映了漢代知識、技術累積到一定水準後，造物設計將其不斷轉化為生活產品的內在動力和自覺意識。

第三節　儒家特點的兩漢設計美學思想

　　由於秦朝的苛政和連年戰爭，漢初民生凋敝、經濟殘破，國家百廢待興。《漢書·食貨志》記載：「漢興，接秦之弊，諸侯並起，民失作業，而大饑饉。」高祖劉邦奠定政權後，命陸賈總結秦朝之弊。陸賈根據黃老思想，提出「事逾煩，天下逾亂；法逾滋，而奸逾熾」，因此，「道大於無為」。結合當時的社會情況，劉邦與蕭何選擇了黃老之學，接受其清靜無為的思想並創立了「休養生息」的政策，垂拱而治，實行輕徭薄賦、勸課農桑、約法省刑等。在寬鬆的制度氛圍下，生產迅速恢復，社會逐漸繁榮，遂有了文帝、景帝時期治世的出現。

　　漢初七十年的寬政也潛藏著一些隱患。地方土地兼併嚴重、民間商賈失控，中央集權亟待加強，同時，邊境游牧民族不時侵犯。武帝執掌政權後，決定採取更為積極和主動的措施

來緩解矛盾、增強國力和鞏固政權。從思想上，武帝接受了董仲舒「罷黜百家，獨尊儒術」的建議，把儒家學說定為治國的指導思想。漢代的儒家思想，已是將陰陽家、黃老之學、法家思想中有助於國家治理的部分納入後的思想體系。天人關係的描述是董仲舒奠立新儒學的認識論基礎。天人合一的基本意識，先秦時就已有之，但董仲舒雜糅各家加以發展，吸收了陰陽五行學說和對自然現象的比附來詳盡論證，透過援陰陽五行學說解《春秋》，考察其中與天災人事的關聯，從而建立起「天人感應」學說。「天人感應，君權神授」是董仲舒天人理論的核心。可以說，這種借助神權來強化皇權的理論，目的就是為了實現「大一統」的政治理想，加強中央集權。儒學被奉為一尊後，漢武帝接受儒家提出的改制建議，改律曆、易服色、建明堂，結合濃厚意識形態內容的文化觀念滲透到社會各層面，包括造物設計的美學原則和追求。

一、順天應時，法天象地

董仲舒在《春秋繁露·五行相生》篇中稱：「天地之氣，合而為一，分為陰陽，判為四時，列為五行。」依照新儒家闡述的宇宙論，天地萬物因順著陰陽、四時、五行、五方的秩序而生化；陰陽、四時、五行變遷的節律使萬物形成不同的品類；同類的事物，由於有相同的性質、功用，可以相互通感；異類的事物，則因性質、功用的不同，而產生互制。由於萬事萬物存

在相感相動的內在機制，使得人事也必須順應天道，「天之道」統領著「人之政」。造物設計最基本的觀念也是順天應時，雖然這種觀念在《考工記》的「天有時」、「地有氣」、「材有美」、「工有巧」中已經明確，但在漢代儒學的強化下，更深深的滲透為最基本的造物設計觀。順應天時，才能展現天道，五行相治，得以成器用。《春秋繁露》說，「王者配天，謂其道。天有四時，王有四政，若四時，通類也，天人所同有也」。「天有四時」所以「王有四政」，正因為「王有四政」，西漢時天子曾用「四時服」，即春青、夏朱、秋黃、冬黑，君主穿著服飾的色彩正與四時相對應。

　　順天應時的造物設計觀，最直接的設計表達就是法天象地。張衡〈西京賦〉詠其時宮殿建築：「其宮室也，體象乎天地，經緯乎陰陽，據坤靈之正位，仿太紫之圓方。」在象徵「紫微帝宮」的中心修築長樂、未央、北宮、桂宮，呈現出以南北二斗拱衛著北極星的平面構圖，班固〈西都賦〉曰：「循以離宮別寢，承以崇臺閒館，煥若列宿，紫宮是環。」此外，關於西漢長安城的規畫格局，《三輔黃圖》曰「城南為南斗形，北為北斗形，至今人呼漢京城為斗城是也」，即是認為，漢代長安的城市格局是有意模仿天象。法天象地是當時城市規畫和宮殿建築的基本原則。《漢書‧藝文志》記載：「形法者，人舉九州之勢，以立城郭室舍形……猶律有短長，而各徵其聲，非有鬼神，數自然也。」《漢書‧爰盎晁錯傳》中記載儒生晁錯建造城市的理

論：「臣聞古之徙遠方以實廣虛也，相其陰陽之和，嘗其水泉之味，審其土地之宜，觀其草木之饒，然後營邑立城，制里割宅，通田作之道，正阡陌之界……室屋完安，此所以使民樂其處而有長居之心也。」在天成象，在地成形，城市的規畫布局建立在對天文地理、自然環境的綜合考量之上，並力圖呈現出與天地的內在一致。英國科學史學家李約瑟說：「再沒有其他地方表現得像中國人那樣熱心展現他們偉大的設想『人離不開自然』的原則……皇宮、廟宇等重大建築自然不在話下，城鄉中集中或是散布在田園中房舍，也都經常的呈現一種對宇宙圖案的感覺，以及作為方向、節令、風向和星宿的象徵主義。」[05]

可以說，順天應時、法天象地的造物設計美學原則，在漢代城市規畫、宮殿建築、園囿營造和帝王冕服中，發揮著控制性的作用。這也反映了漢代儒家作為服務於統治階層的思想理論，有意的引入宇宙論為其價值意識和文化體系的構建而效力。

二、貴尊賢，別人倫

與道家萬物一體的齊物思想和平等理念不同，儒家認可並講求社會層級的區分，萬事萬物存在於一個具有上下先後差別的等級序列之中。「凡物必有合。合必有上，必有下，必有左，必有右，必有前，必有後，必有表，必有裡」（《春秋繁露·基義》），上下先後的等級序列是明辨貴賤、彰顯功德和尊仁尚賢的需求。

05　李約瑟：《中國科學技術史（第三卷）》，科學出版社 1975 年版，第 337—338 頁。

　　漢代的等級觀念在造物設計上更明確為一種制度。《春秋繁露·度制》說，「凡衣裳之生也，為蓋形暖身也。然而染五采，飾文章者，非以為益肌膚血氣之情也，將以貴貴尊賢，而明別上下之倫，使教亟行，使化易成，為治為之也。若去其度制，使人人從其欲，快其意，以逐無窮，是大亂人倫而靡斯財用也，失文采所遂生之意矣」。儒家認為，服飾的設計和穿用是人倫秩序和仁德尊賢的表現，理應成為一種制度。東漢永平二年（西元 59 年），在國家制度裡，首次出現了以政令規定帝王百官的車輿與服飾的制度，曰「輿服制」。《後漢書·輿服志》說，「夫禮服之興也，所以報功章德，尊仁尚賢。故禮尊尊貴貴，不得相逾，所以為禮也，非其人不得服其服，所以順禮也。順則上下有序，德薄者退，德盛者緛。故聖人處乎天子之位，服玉藻邃延，日月升龍，山車金根飾，黃屋左纛，所以副其德，章其功也。賢仁佐聖，封國受民，黼黻文繡，降龍路車，所以顯其仁，光其能也」。「輿服志」記錄於《後漢書》，詳述了車旗、章服、冠履的制度及樣式，此後，各朝代史書都將「輿服」、「車服」作為必不可少的內容納入。

　　既然有了貴貴尊賢、別人倫的等級意識，那麼，僭越等級的造物設計現象也就受到批判。賈誼曾對當時社會存在的服飾穿用無序的現象評論：「今富人大賈屋壁得為帝服，賣婦優倡下賤產子得為後飾，然而天下不屈者，殆未有也。且帝之身，自衣皁綈，而靡賈侈貴，牆得被繡，後以緣其領，孽妾以緣其

履，此臣之所謂踦也。」（賈誼《新書·孽產子》）踦，意為雜亂錯誤。雜亂的服飾穿用其實是制度不被遵守和履行，更反映了人倫綱紀的錯亂，違反了儒家的社會治理思想，理應受到制止。因此，他又說，「制服之道，取至適至和以予民，至美至神進之帝。奇服文章，以等上下而差貴賤。是以高下異，則名號異，則權力異，則事勢異，則旗章異，則符瑞異，則禮寵異，則秩祿異，則冠履異，則衣帶異，則環珮異，則車馬異，則妻妾異，則澤厚異，則宮室異，則床蓆異，則器皿異，則飲食異，則祭祀異，則死喪異……貴周豐，賤周謙，貴賤有級，服位有等，等級既設，各處其檢，人循其度，擅退則讓，上僭則誅」。在提出服飾穿用的等級秩序標準之上，賈誼還認為，服飾的審美實質上應該有雙重標準：對於平民來講，和諧適體是最高標準，而對於帝王來講，則須予以最華美而有象徵意義的飾用。貴賤有級，服位有等，不只是服飾，旗章、符瑞、冠履、車馬、宮室、器皿等，都應上下有等而各有法度。賈誼言論中的各種具體而微的差別，正是漢代儒家貴尊賢、別人倫的造物設計美學原則滲透到社會生活各個角落的展現。

三、以靡麗為國華

　　經過「文景之治」後，漢朝的國力開始進一步強盛。漢武帝先後平定了嶺南和嶺西，重用桑弘羊，將鹽、冶鐵、鑄錢收歸國有，籌集軍費、提拔良將，開始與匈奴作戰並在元朔元年獲

得河朔大捷，收復河朔草原，設置西域都護府，後派遣使臣出使西域。在漢武帝治理下的大漢帝國走進了最強盛的時期。

　　國力強大和物質富裕為整個社會帶來一種積極向上、豪邁自信甚至是張揚炫耀的氛圍和風氣。張衡〈西京賦〉藉「憑虛公子」之口誇道：「方今聖上，同天號於帝皇，掩四海而為家。富有之業，莫我大也。徒恨不能以靡麗為國華。獨儉嗇以齷齪。忘蟋蟀之謂何。豈欲之而不能。將能之而不欲歟？蒙竊惑焉，願聞所以辨之之說也。」（《文選》卷五十三）「恨不能以靡麗為國華」之說，源於一個典故。《國語·魯語上》曾記季文子任國相後，妾不穿絲綢的衣服，馬不吃精飼料。有人進諫：「您是魯國上卿，這樣會被人們認為吝嗇的，況且國家也有失顏面。」季文子說：「且吾聞以德榮為國華，不聞以妾與馬。」季文子持守儉樸，他認為個人的榮耀只源於自身的高尚道德和有所作為，而不是奢侈的物質生活。然而，就是春秋時期這種樸素的儒家仁德觀在漢代儒家這裡卻發生了變化。

　　「以靡麗為國華」，是在國家禮制、貴族禮儀和社會生活的各個方面表現出的繁禮飾貌。《呂氏春秋·義賞》曰：「繁禮之君，不足於文。」大意為，要求繁複隆重禮儀的君主，再多外在的物質形式也不會滿足。《禮記·樂記》：「合情飾貌者，禮樂之事也。」飾貌，即外在的物質形式。《史記·禮書》記載：「孝文好道家之學，以為繁禮飾貌，無益於治。」西漢初年，文帝推

第二章　秦漢時期的設計美學

崇道術和黃老之學，於是認為繁縟的儀式禮節對國家治理沒有任何益處。可是，這種觀念在國力持續增強的帝國中後期，一變而為「恨不能以靡麗為國華」的吁嘆，顯示出國富民強後掩飾不住的張揚和驕傲，流露出物質極度豐足後的驕矜。漢武帝歷時五十年為自己建造了漢代規模最大的陵墓，後也成為陪葬品最豐富的陵墓。《西京雜記》載，「漢帝送死皆珠襦玉匣，匣形如鎧甲，連以金縷」、「匣上皆鏤為蛟龍鸞鳳龜麟之象，世謂為蛟龍玉匣」。茂陵的地宮內充滿了大量的稀世珍寶。不僅帝王身後享如此侈靡的喪事，民間也興「厚葬」之風。東漢思想家王符言：「今京師貴戚，郡縣豪家，生不極養，死乃崇喪。或至刻金縷玉，檽梓梗楠，良田造塋，黃壤致藏，多埋珍寶偶人車馬，造起大塚，廣種松柏，廬舍祠堂，崇侈上僭。」（王符：《潛夫論·浮侈篇》）甚至平民百姓也競相厚葬，以致子孫飢寒。漢明帝詔書中有：「今百姓送終之制，競為奢靡。生者無擔石之儲，而財力盡於墳土。伏臘無糟糠，而牲牢兼於一奠。糜破積世之業，以供終朝之費，子孫飢寒，絕命於此。」（《後漢書·明帝紀》）2015 年，南昌西漢海昏侯墓發掘中發現了大量金器，包括大小馬蹄金、麟趾金、金餅等共計 378 件，突破了漢墓金器出土數量的最高紀錄；另有多件鎏金錯銀的車具、馬具，製作精良、用料考究。再看大漢帝國巔峰時期的都城、宮殿、苑囿、陵墓，其規模形制前所未有，展現出帝國寬闊的胸襟；

附屬的門闕、石刻、陶俑造型敦厚、手法洗練，顯示出沉雄的氣概。由於神仙思想的盛行與楚地「信鬼神，重淫祀」的傳統結合，漆器、絲織品和銅鏡等的裝飾洋溢著迷狂怪誕的詭麗之美，虯龍鷥鳳、飄風雲霓等奇麗幻美的形象組合，構成一個個極富想像力和浪漫色彩的空間。概而言之，強盛後的漢代造物設計從體積到規模，從造型到裝飾，從材料到工藝，無一不呈現出帝國因富裕而來的大氣、因強盛而生的自信，以及一種「以靡麗為國華」的審美追求。

第四節　漢賦中的設計美

賦，是漢代最為流行的文體，在兩漢四百年間，這種文體的寫作盛極一時。漢代之後，賦體文學逐漸被視為漢代文學的代表，王國維曾將漢賦稱為可以標誌漢代文學成就的「一代之文學」。劉勰《文心雕龍・詮賦》云：「賦者，鋪也，鋪采摛文，體物寫志也。」漢賦的主要特徵是鋪陳寫物、不歌而誦，由於在發展中吸收了楚辭的某些特點，因而華麗的辭藻、誇張的手法是其顯而易見的特色。同時，漢賦對事物的描繪筆法更前所未見的細膩生動、淋漓盡致，極盡雕琢刻劃之能事。漢賦的內容涉及宮殿城市、行旅遊獵、禽獸草木、自然景象、日用器物等，無論是敘事還是狀物都能體察入微、窮形盡相。近代柳詒徵說：「賦體之多，尤為漢人所獨擅，大之宮室都邑，小之一

名一物，鋪陳刻劃，窮形盡相，而其瑰偉宏麗之致，實與漢之國勢相應。」[06] 論涉獵之廣，漢賦辭人所見所聞，無一不可匯聚筆端，「至於那不可勝計的專寫一事一物的賦作，更在這個以真為美，以似為工，以全為貴，以細為法的美學焦點上有過之而無不及。就題材範圍來說，可謂包涵萬物，無所不摹，諸如宮賦、舞賦、屏風賦、筆賦、機賦、羽扇賦、琴賦、棋賦、柳賦、几賦、雀賦、針縷賦、搗素賦、出征賦等，從耕織征獵到珍玩飾物，從建築工藝到琴棋書畫，幾乎涉及人們所接觸的各種器物與事項，而在具體描寫方面，其細膩、刻意、形似，簡直達到無以復加的程度。」[07] 漢賦「在形式上求大，在內容上求全，在描寫上求盡，在氣勢上求放，在藝術上求美」[08] 的特點非常突出。經過歷代的散佚，現流傳下來的漢代賦體作品共約兩百多篇。儘管漢賦的寫作是以文學本身的感染力見長，然而由於許多內容與都城宮苑、器物和其他物質文化有直接或間接的關係，也給予了漢代設計美以極大的認知和想像的空間。王延壽作〈魯靈光殿賦〉時就認知到「物以賦顯」的辭賦功能，顯示漢賦的創作從某種程度上彰顯了漢代的物質生活和造物設計成就。

06　柳詒徵：《中國文化史》（上冊），岳麓書社 2010 年版，第 394 頁。

07　儀平策：《中國審美文化史》（秦漢魏晉南北朝卷），上海古籍出版社 2013 年版，第 56 頁。

08　霍松林、尚永亮：〈司馬相如賦的主體特徵和模式作用〉，《陝西師大學報》1992 年第 1 期，第 42 頁。

一、恢宏雄壯的建築之美

　　秦漢王朝的統一結束了春秋戰國長達五百年的分裂割據局面，建立起大一統的帝制國家，國家之大實乃前所未有。尤其是漢武帝時期，東平朝鮮，南平南越，西闢西南夷，北定匈奴，透過開疆拓土，國土面積劇增，帝國聲威遠播。對外交流帶來的異域資訊和文明，使得人們的視野更加宏大、胸襟更為開闊；國家統一和世界認知的拓展，也使得宏大的國家觀念和地理概念第一次進入人們的審美意識，以恢宏龐大以及由此而生的雄偉壯麗為特徵的審美取向成為漢代審美的主流。《史記·高祖本紀》中有這樣一段：「蕭丞相營作未央宮，立東闕、北闕、前殿、武庫、太倉。高祖還，見宮闕壯甚，怒，謂蕭何曰：『天下匈匈苦戰數歲，成敗未可知，是何治宮室過度也？』蕭何曰：『天下方未定，故可因遂就宮室。且夫天子以四海為家，非壯麗無以重威，且無令後世有以加也。』高祖乃說。」這段記載了漢初君臣就宮室營建規模的對談，一方面說明了立國未穩之時的漢高祖主張儉約節用的設計觀；另一方面也顯示了頗具膽識的謀臣已有藉宮殿之壯麗顯威的意識。隨著國力的迅速提升、疆域的不斷擴大，「橫八極，致崇高」（《淮南子·要略》）從一種宇宙意識無聲的轉化為漢代人們的審美意識。這種恢宏雄壯的審美取向在漢代的城市和建築中表現得最為直接，而在漢賦文學作品中，賦家極盡能事的展現了這種美。

第二章　秦漢時期的設計美學

　　漢賦所筆及的建築類型豐富多樣，都城、宮殿、園林、陵寢、樓臺、亭閣，無所不涉。京城長安和洛陽的宏大規模與格局在漢賦中得到充分展現。班固的〈西都賦〉有：「建金城而萬雉，呀周池而成淵。披三條之廣路，立十二之通門。內則街衢洞達，閭閻且千，九市開場，貨別隧分。人不得顧，車不得旋。闤城溢郭，旁流百廛，紅塵四合，煙雲相連。」張衡〈西京賦〉亦云：「徒觀其城郭之制……廛里端直，甍宇齊平。北闕甲第，當道直啟。」其狀寫長安城的建築規模之宏大、布局之有序、市井之繁華，將早期國際化都市的形態還原於紙上。〈東都賦〉和〈東京賦〉則在縱論歷史、評價帝王功業的同時，描寫了都城洛陽的格局、宮苑和生活。此外，揚雄的〈蜀都賦〉中描繪的蜀都：「其都門二九，四百餘閭，兩江珥其市，九橋帶其流。」足見當時的郡邑規模雖不及帝都，但也不可小覷。

　　西漢時期長安城中的大小宮殿多達百餘座，〈西都賦〉和〈西京賦〉中對長樂、未央、建章等宮殿的宏大與壯美已有一些描繪。〈西都賦〉寫未央宮由十幾組宮殿組成：「徇以離宮別寢，承以崇臺閒館，煥若列宿，紫宮是環……區宇若茲，不可殫論。」此外，劉歆的〈甘泉宮賦〉、王褒的〈甘泉頌〉、揚雄的〈甘泉賦〉、李尤的〈德陽殿賦〉、馬融的〈廣成頌〉、王延壽的〈魯靈光殿賦〉等都是狀寫宮殿的名篇。甘泉宮是漢武帝透過擴建秦代林光宮而建成，位於長安城外，依甘泉山展開，方圓45

公里，其建築群落漫布山谷。揚雄的〈甘泉賦〉由遠及近、由粗
到細的描寫了甘泉宮及園林的布設，「崇丘陵之駊騀兮，深溝嶔
岩而為谷。往往離宮般以相燭兮，封巒石關施靡乎延屬」。將其
「彌山跨谷」的平面布局再現於眼前。漢代宮殿以群落的方式展
開，形成宏偉的氣勢。班固〈西都賦〉寫道：「周廬千列，徼道
綺錯。輦路經營，修除飛閣。自未央而連桂宮，北彌明光而互長
樂。凌隥道而超西墉，掍建章而連外屬。」透過飛閣棧道，可從
未央宮到達桂宮、明光宮、長樂宮，「隥道」又連接城外的建章
宮。這種「接比相連、雲起波駭」的群落式格局實為震撼。群落
結構是漢代宮殿建築的基本模式，王延壽〈魯靈光殿賦〉所寫的
藩王魯恭王劉餘所建之靈光殿，依岡連嶺而建，「連閣承宮，馳
道周環，陽榭外望，高樓飛觀，長途升降，軒檻蔓延……千門相
似，萬戶如一。岧突洞出，逶迤詰屈，周行數里，仰不見日。」
其龐大的群體結構所營造的氣勢令人嘆為觀止。

　　園林建築在漢賦中被描繪的也不少見。司馬相如的〈上林
賦〉狀寫皇家園林上林苑的地勢、山水、花木、宮館：「俯杳
渺而無見，仰攀橑而捫天，奔星更於閨闥，宛虹拖於楯軒，青
龍蚴蟉於東箱，象輿婉僤於西清，靈圉燕於閒館，偓佺之倫，
暴於南榮。」於寥廓平遠之中見得曠視無垠，獲得一種開闊的氣
象。枚乘的〈梁王菟園賦〉寫「修竹檀欒，夾池水，旋菟園，並
馳道，臨廣衍，長冗阪，故徑於崑崙」。足見漢代園林能因循

第二章　秦漢時期的設計美學

地形以得氣勢，引水入園以造景觀，且遊道寬廣，途徑悠長。
園囿之內，更少不了樓臺館閣，漢代也有賦作專寫此類建築。
如崔駰〈大將軍臨洛觀賦〉、李尤〈平樂觀賦〉和〈東觀賦〉、
邊讓〈章華臺賦〉等。據記載，未央宮高三十五丈（約 117 公
尺），建章宮中的神明臺高達五十丈（約 167 公尺），〈西都賦〉
寫神明臺：「神明鬱其特起，遂偃蹇而上躋。軼雲雨於太半，
虹霓迴帶於棼楣。雖輕迅與儌狡，猶愕眙而不能階。」臺作為宮
殿建築群落中至為高崇的部分，對其形態與意境的描繪，表現
了漢代建築追崇高大的形體與氣勢的審美心理。另如，揚雄〈甘
泉賦〉寫通天臺：「直嶢嶢以造天兮，厥高慶而不可乎彌度……
洪臺崛其獨出兮，撼北極之嶟嶟。列宿乃施於上榮兮，日月才
經於柍桭。」通天臺，其名即寄寓了上可接天、與天相通的願
望，嶢嶢直立的形態更傳達了其高聳的雄姿與氣勢。又如，李
尤寫洛陽平樂觀：「徒觀平樂之制，鬱崔嵬以離婁，赫岩岩其崟
岑，紛電影以盤盱。彌平原之博敞，處金商之維隅，大廈累而
鱗次，承岑嶢之翠樓，過洞房之轉闥，歷金環之華鋪，南切洛
濱，北陵倉山，龜池泆滂，果林榛榛……」於崇山峻嶺之中，凌
空而出的高大體勢，從周邊環境中躍然突出。

　　時至今日，漢代建築的地上遺存已經微乎其微，然而，為
數眾多的漢賦中的建築描寫卻給予漢代建築的設計美以極大的
認知和想像空間。一方面，漢賦是漢代建築資料的重要文獻；
另一方面，漢代恢宏雄壯的建築之美也激發了漢賦的創作。若

沒有繁榮的建築，也就沒有漢大賦的繁榮。儘管部分漢賦作品在迎合帝王好大喜功的心理之餘，也側面表達了提醒和諷諫的創作意圖；但漢賦鋪陳城市、宮殿及各類建築的言辭，卻真實而直接的再現了一種博大雄渾的氣勢和鋪張揚厲的氣度，尤其是辭賦中對闊大的設計形態和高峻的建築體勢的溢美之詞，反映了一種昂揚激越的時代精神及審美風尚。

二、駁雜萬象的名物之美

　　漢賦的描寫對象不僅包括帝都宮殿、皇家園囿和各類聲名顯赫的建築，還涉獵了大量日常生產、生活中的器物。漢賦名家司馬相如謂，「賦家之心，苞括宇宙，總覽人物」（〈答盛覽問作賦〉，見《西京雜記》卷二），漢代的賦體文學擅長以經緯交錯的文辭織構出完整宏闊的立體時空，其視野與格局是前代文學所未有的；但在視野宏闊的漢大賦之外，也有許多賦家創作了具有「博物」價值的詠物小賦。即使是司馬相如的〈子虛賦〉、〈上林賦〉這樣的長篇大賦，在鋪陳上林苑的水勢、山形、宮觀、樓閣之餘，也有筆墨細膩的描繪蟲魚、鳥獸、草木、珠玉等小景小物，可謂「總眾類而不厭其繁，會群采而不流於靡」。清代陳元龍奉敕編纂的《歷代賦匯・總目》把漢賦涉及的內容分為：天象、歲時、地理、都邑、治道、典禮、禎祥、臨幸、蒐狩、文學、武功、性道、農桑、宮殿、室宇、器用、舟車、音樂、玉帛、服飾、飲食、書畫、巧藝、仙釋、覽古、

寓言、草木、花果、鳥獸、鱗蟲、言志、懷思、行旅、曠達、美麗、諷喻、情感、人事。[09] 其中，日用器物所占比重不容小覷，可以說，詠物小賦是漢賦創作的重要組成部分。《漢志‧詩賦略》之「雜賦類」有「雜鼓琴劍戲賦」（十三篇）、「雜禽獸六畜昆蟲賦」（十八篇）、「雜器械草木賦」（三十三篇）三類，都以詠物為內容。此外，在《漢志‧詩賦略》「雜賦類」的〈大雜賦〉、〈隱書〉中也包含賦詠器物之作。

　　以狀寫器物為內容的詠物小賦，其生成原因與漢代文化的「博物」風尚直接相關。大一統帝國的綜合實力提升後，與之相應的有了宏大的文化建設需求。武帝獨尊儒術的背景下，經學成為官方學術，「經學」的內容主要就是「六藝」（「六經」），其內容龐雜，包羅萬象，是政治制度、道德準則和文化知識的大集合。自漢初始，朝廷陸續設立諸經博士，「六藝」就成為官方經典。在「體國經野，義尚光大」[10] 的時代精神的影響下，「博」是「大」在文化知識領域中的詮釋，成為建設宏大文化體系的途徑。舉凡自然、社會、人文各知識領域的內容，都成為漢儒解說的對象。而且，對於「名物」的訓詁做得非常嚴謹仔細。《漢書‧儒林傳》有「一經說至百餘萬言」之說，「多識」而「博學」成為一種趨勢。成書於秦漢的《爾雅》囊括萬物，由「釋天」、「釋地」、「釋山」、「釋水」、「釋草」、「釋木」、「釋

09　劉斯翰：《漢賦—唯美文學之潮》，廣州文化出版社 1989 年版，第 46 頁。

10　《文心雕龍‧詮賦》：「夫京殿苑獵，述行序志，並體國經野，義尚光大。」

蟲」、「釋魚」、「釋鳥」、「釋獸」等部分組成，是漢儒追隨孔子「多識於鳥獸草木」之言的成果。因此，對名物的賦寫呈現出「極聲貌以窮文」、「寫物圖貌，蔚似雕畫」的面貌（《文心雕龍‧詮賦》）也就不足為奇了。除了出於「博物」的文化書寫需求，一部分詠物辭賦還兼具「體物」與「言志」之特徵，採用擬人、託喻等藝術手法，在器物之上寄寓了賦家抒發個人情操和志向的願望。

儘管對象是駁雜瑣細的事物，並不妨礙賦家用筆著墨的鋪張，哪怕是微小的事物，也從不同角度、不同層次，運用各種手法進行層層皴染。賦家在狀寫時往往會從上、下、左、右、東、南、西、北等各個方位展開，實現全方位空間的透視；也會時而遠距離宏觀，時而近距離微觀的進行文字勾勒描繪，還原出層次清晰的圖像。此外，還有些穿越古今，將當下與歷史融合滲透，形成深遠的時間力度；又或是對物品進行描繪後，透過烘雲托月、連類比喻，加強其實體感受和美的屬性的表達。整體而言，其形成的文字語言氛圍頗具氣勢。漢賦描寫各類器物主要從選材取材、製作手法、外觀形式和功能意蘊等四個方面展開：

造物的第一步是選材。漢賦描寫器物往往從選材取材開始著手，對造物的原材料類別、產地、特點和生長環境都有細膩闡述，甚至對材質美也有了初步的感受。統一後的秦漢帝國，地大物博、物產豐富，認識物產的特性是造物取材的基礎。衡

第二章　秦漢時期的設計美學

陽之桐、丹陽之銅、終南陰崖之竹、會稽之竹箭、崑崙山之瑤木、藍田之玉石、西域之斿罽……因其物性的獨到之處，都是在漢賦中出現過的各類造物可備之良材。馬融〈樗蒲賦〉有：「枰則素斿紫罽，出於西鄰，緣以繢繡，紩以綺文。栺則搖木之幹，出自崑山。矢則藍田之石，卞和所攻，含精玉潤，不細不洪。馬則玄犀象牙，是磋是礱。栺為上將，木為君父，齒為號令，馬為冀距，籌為策動，矢法率數。」將樗蒲各部分最佳的材料選用標準一一列出。良材往往難求、取之不易，劉勝〈文木賦〉就有，「麗木離披，生彼高崖」。生於荒僻幽阻之地的材料，還在賦中給出獲取之途徑，或借助各種工具獲取，或歷經艱險，「泳溺水，越炎火，窮林薄，歷隱深，三秋乃獲」（傅毅〈七激〉）。或許正因為良材之生長環境不同一般、不易取得，其性也特別特殊。王褒〈洞簫賦〉述「簫幹之所生兮，於江南之丘墟」，材料生於「崛嶔巋崎，倚巇迤」之處，但「洞條暢而罕節兮，標敷紛以扶疏」。班固的〈竹扇賦〉寫青竹，「杳筱叢生於水澤，疾風時紛紛蕭颯」，製成扇翼之後則能「來風避暑致清涼，安體定神達消息」。在賦家看來，生於水澤之竹，其生長環境清涼多風，似乎與竹扇避暑安神的功用存在著某種內在的一致性。又如蔡邕〈筆賦〉有：「惟其翰之所生，於季冬之狡兔，性精亟以剽悍，體遄迅以騁步。」認為狡兔之毫宜製為筆，是因為兔性矯健敏捷，毫毛之輕健勁捷似之，一旦製成筆，會

在書寫之時揮灑自如。如此看來，漢代造物設計的選材取材，除了有著具體可感的物質性標準，透過某種神祕的交感作用，還可能受到更為抽象的動因的支配。在對選材取材的高度關注之下，賦中的一些言辭也逐漸流露出對材質美的自覺意識。中山王劉勝見魯恭王劉餘獲得「文木一枚」，「意甚玩之」。「意甚玩之」，不僅是一種濃厚的興趣，更是一種審美態度，為後文的細膩描繪奠定了基礎。〈文木賦〉詳細描繪了「文章」爛漫的「麗木」，讚其色賽金、質如玉，在對文木紋理的欣賞中，極盡能事的引入了世間的華彩山水、金玉美質，神話中的龍翔鳳翥、電奔雷突，加以烘托和比附。張紘的〈瑰材枕賦〉描寫「枕」曰：「有卓爾之殊瑰，超詭異以邈絕。且其色也，如藝之黃；其為香也，如蘭之芳。其文彩也，霜地金莖，紫葉而紅榮。」（《藝文類聚・卷七十・服飾部》）其色、香與文彩的美感，為其所獨有，也是其材質美的關鍵。

選取良材之後，製作工藝和過程也是闡述的重點。漢賦中特別強調造物設計聚集眾工之巧、眾材之美，賦詠手工技藝的多樣而專精。如前文所述，生產力發展後，專業化的分工成為一種必然，「一器而工聚焉」的現象成為趨勢。如鄒陽〈几賦〉寫「几」的製造過程：「高樹凌雲……王爾公輸之徒……伐之以歸。眇者督直，聾者磨礱。齊貢金斧，楚入名工，乃成斯几。」由王爾、魯班那樣的巧匠砍伐木材，由獨目之人監督曲直，由

第二章　秦漢時期的設計美學

耳聾之人負責打磨，由楚國的名工用齊地名斧來施奇用巧，多人合作之下，將之製成。又如，傅毅〈琴賦〉云：「命離婁使布繩，施公輸之剞劂。遂雕琢而成器，揆神農之初制。」眾匠合作，往往是在製作過程中先後完成不同的工種和任務。馬融〈長笛賦〉中有寫魯班、墨翟之徒「構雲梯，抗浮柱」伐取竹材，然後「挑截本末，規摹麯矩。夔襄比律，子埜協呂」，又經過一番烤、砍、削、鑿等工序，才將笛製成。

漢賦對器物的外觀形式多有描繪，並竭力鋪陳。如賈誼詠「虡」，云：「妙雕文以刻鏤兮，象巨獸之屈奇。戴高角之峨峨兮，負大鐘而顧飛。美哉爛兮，亦天地之大式。」[11]虡是古代懸掛鐘鼓等樂器的柱子，賈誼對柱子上所刻鏤的精美紋飾進行了細膩刻劃，描繪其形態有如盤曲的巨獸，虡上刻的長著長長犄角的神奇怪獸在五彩紋飾的襯托下，好像要背負著大鐘而騰雲飛去。虡的紋飾和造型渾然一體，構成了和諧靈動的共生關係，完美而富於生動之氣。結合著描繪與想像，賦家將之提升至能與天地融合的形式相媲美。但漢賦對器物形式的賦詠，並不止步於從單純的形式美角度，往往能透過形式連接合理的功能和一定的象徵寓意。在漢賦中，如張紘的〈瑰材枕賦〉描繪瑰材枕之紋理：「有若蒲陶之蔓延，或如兔絲之煩縈，有若嘉禾之垂穎，又似靈芝之吐英。其似木者，有類桂枝之闌干，或象

11　賈誼《虡賦》，見龔克昌：《兩漢賦評注》，山東大學出版社 2011 年版，第 21 頁。

灌木之叢生。」這種透過比喻描繪器物形態和紋飾的較為多見。
班婕妤〈怨詩〉中有句：「新裂齊紈素，鮮潔如霜雪。裁為合
歡扇，團團似明月。」透過對照和比較，尋求器物和天地萬物、
自然現象的關聯，進而獲得超出單純形式美的某種啟示，並引
申為器物的象徵寓意。這種器物形式與寓意的連接，受到漢代
相術的直接影響。《漢書・藝文志・數術略》著錄有形法六家，
其中有「相寶劍刀」二十卷，論形法云：「形法者，大舉九州
之勢以立城郭室舍形，人及六畜骨法之度數、器物之形容以求
其聲氣貴賤吉凶。猶律有長短，而各徵其聲，非有鬼神，數自
然也。」形法之說，反映了人們對器物形式的認識不只停留在材
質、色彩和造型等因素之上，而是與聲氣貴賤乃至凶吉禍福都
有關聯。張衡〈扇賦〉有云：「竊茲竹以成扇，乃畫象而造儀。
惟規上而矩下，播采爛以雜施。」扇子的形態是「畫象而造儀」
的結果，因有「法天象地」之要求，則必然「規上而矩下」。
也即是說，器物的形態應該恪守規天矩地的法度，才能順天應
時、趨吉避凶。前文曾有論述，順天應時、法天象地的造物設
計美學原則，在漢代城市規畫、宮殿建築、園囿營造和帝王冕
服中發揮著控制性的作用；而從漢賦中的器物描寫中我們發現，
順天應時、法天象地的造物設計美學原則也滲透到了至為普通
的日常器物之中。除此之外，漢賦中器物的象徵寓意還有一種
情況：有些詠物辭賦以「體物」來達成「言志」之目的，採用擬

人、託喻等手法在器物之上寄寓了賦家抒發個人情操和志向的
願望。劉安〈屏風賦〉寫道：「惟茲屏風，出自幽谷。根深枝
茂，號為喬木。孤生陋弱，畏金強族。移根易土，委伏溝瀆。
飄飆殆危，靡安措足。思在蓬蒿，林有樸樕。然常無緣，悲愁
酸毒。天啟我心，遭遇微祿。中郎繕理，收拾捐樸。大匠攻
之，刻雕削斫。表雖剝裂，心實貞愨。等化器類，庇蔭尊屋。
列在左右，近君頭足。賴蒙成濟，其恩弘篤。何惠施遇，分好
沾渥。不逢仁人，永為枯木。」[12] 表面上說遭砍伐的幽谷之材有
幸被雕琢成屏風，因而得以「列在左右，近君頭足」；實則意在
表達只有為己所用才能實現價值，否則將是「不逢仁人，永為枯
木」。在漢賦中，這種借器物自喻或喻人的例子甚為多見，由
「體物」而「言志」，賦家的個人情操和志向得以抒發。

12　龔克昌等：《全漢賦評注》，花山文藝出版社 2003 年版，第 91 頁。

第三章
魏晉南北朝時期的設計美學

第三章　魏晉南北朝時期的設計美學

　　東漢末年，嚴重的土地兼併現象使得地方豪強勢力崛起，東漢皇室對擁有財富和武裝的地方勢力逐漸失去了控制。又逢天災頻繁、瘟疫叢生，飽受苦難的人民紛紛起來造反，發動大規模的叛亂，其中最著名的是黃巾起義。動盪不安的時代造就了士家大族地主在土地與權勢上的優勢，因此，士族逐漸擁有了壟斷政府高層的實力，形成了三國兩晉時期特殊的士族政治。漢末的政權最先被統一中國北方的曹操以丞相之職掌握，曹操稱「魏王」。至西元 220 年，曹操病逝，其子曹丕繼承其位並迫使漢獻帝劉協將皇位禪讓給他，建立了魏國，史稱「曹魏」，這標誌著東漢正式滅亡，三國時代開始。西元 221 年，以益州為根據地的劉備自立為皇帝，國號「漢」，史稱「蜀漢」。同年，割據揚州、荊州、交州等地的孫權接受曹魏政權的冊封，稱「吳王」。西元 222 年，孫權稱帝建國，國號「吳」，史稱「東吳」。曹魏、蜀漢和東吳的三國鼎足之勢維持四十餘年後，於西元 263 年在魏國丞相司馬昭的策劃下，蜀漢被魏所滅。西元 265 年，司馬昭去世，其子司馬炎奪取曹魏政權，定都洛陽，建立晉朝，史稱西晉。西元 280 年，西晉滅吳，統一天下。然而，游牧在西北地方的匈奴、鮮卑族因為生存資源的吃緊，開始對西晉王朝虎視眈眈。西元 308 年，匈奴大單于劉淵稱帝並開始滅晉，登基後的劉淵遣其子劉聰與大將王彌進攻西晉都城洛陽。至西元 317 年，被多次進攻、無力禦敵的西晉王朝走向終結。西晉滅亡之後，南北方開始了分裂割據，史稱

「南北朝」。南北朝的政權更替更為頻繁,社會也尤為動盪。在北方,先是十六國割據,後有北魏的統一和分裂;在南方,則經歷了東晉、宋、齊、梁、陳諸王朝的更迭。

　　整體而言,從漢末至南北朝的這段歷史因夾帶著天災與人禍,又夾雜了多民族的爭鬥,實為亂世。有學者概括此時的時代特徵有幾個方面:(一)深層的分裂局面。(二)複雜的民族關係。(三)頻繁的人口遷移。(四)特殊的社會結構。(五)變動的典章制度。[01] 概而言之,社會的人口、經濟、政治、制度、文化和意識形態都處於分裂多於整合、差異多於統一、流動多於靜止、變化多於穩定的狀態。但也正因為此,意識形態領域劇烈激盪,之前大一統形態下相對穩固的思想體系受到衝擊,代之以個體意識的覺醒和藝術精神的自由。這種自由的藝術精神激發了一系列更為獨立的審美和創造活動,從整體上影響了當時的造物設計;同時,無論是經濟互通還是戰爭離亂,客觀上帶來的社會基礎變遷和思想基礎變化都反映在設計文化上,鑄就了種種富有別樣風貌的審美形態。

第一節　佛教影響下的設計

　　魏晉南北朝是佛教在中國迅速興起的時期。佛教進入中國,對中國文化發展的軌跡產生了不可逆轉的影響。從古代印

01　胡阿祥:〈六朝文化研究芻議〉,《東南文化》2009 年第 1 期,第 72—77 頁。

度誕生的佛教，在東傳中帶來既有抽象的宇宙觀和世界觀，也有具體的僧伽制度、佛經佛像、佛寺禪窟和各種宗教儀式及其相關器物。華梵文明之遇合，也就不僅是信仰和精神的傳播、制度和儀式的傳遞，還伴隨著生動鮮活的物質文化的化育和開新。

一、佛教傳入和興起

　　一般認為，佛教傳入中國的時間是在西漢後期，其實，在此之前，中土對佛教已有所知曉。《魏書·釋老志》載有：「釋氏之學，聞於前漢。武帝元狩中，霍去病獲昆邪王及金人，率長丈餘；帝以為大神，列於甘泉宮，燒香禮拜。此則佛道流通之漸也。」金人，即是佛像。可知在漢武帝時，佛像已傳播到中國。又有，「及開西域，遣張騫使大夏。還云：『身毒國有浮屠之教。』」浮屠即佛陀，這裡可以確證在漢武帝通西域後已知有佛教。但在讖緯之術盛行的西漢，最早接觸佛教之時，佛教僅被當成一種來自異域的神仙方術。另有說法認為，或許在更早的時候，即在與印度阿育王在位同時的秦始皇時代，已有印度的沙門室利房等十八人來到咸陽。當然，不管是漢武帝時期還是秦始皇時代，都只是佛教與中國有了初步接觸，並沒有深入譯介，也沒有正式宏傳。直到東漢永平七年（西元 64 年），漢明帝主動遣人往西求佛法，可說是佛教在中國的正式傳播。據傳，明帝因感夢而求法，派遣十二人前往印度，途中遇迦葉摩騰及竺法蘭正以白馬載佛經佛像，欲來中國弘法，遂請其前

來，留居洛陽並建白馬寺，於此譯經弘法。明帝求法的傳說，其細節雖然可能有後世人們想像和添補的成分，但明帝求法的史實應當確鑿。這顯示了，在東漢時期佛教因受到帝國最高統治者的接受和尊信而被引入中國，正式開始宏傳。

位於中國西部的新疆地區，漢代時屬於西域，是佛教傳入中國的第一站，也是佛教造物和藝術最早出現的地區。新疆地區的石窟主要分布在自喀什向東的塔里木盆地北沿路線上，由西向東依次為古疏勒區（今喀什）、古龜茲區（今庫車、拜城）、古焉耆區（今焉耆）和古高昌區（今吐魯番）。始鑿於西元 3 世紀後期的克孜爾千佛洞，是早期開鑿的有代表性的重要石窟。另有四川樂山崖墓的佛像雕刻、彭山崖墓內發現的陶製佛像、連雲港孔望山摩崖石刻，都是漢代的佛教造物遺存。但整體而言，由於漢代儒學的強大統攝力和其他種種原因，佛教在兩漢並沒有很強的影響力。甚至，在漢代，人們對於佛教的認識還非常粗淺。東漢末年，安世高來華翻譯的佛教經典未能踰越語言的障礙而疑義重重。由於漢代盛行讖緯之術，人們普遍將佛教當作來自異域的方術、將佛祖當作來自外國的神仙，常常將釋迦牟尼與黃老之術中的黃帝和老子相提並論。漢末以後，佛教在與本土儒道的碰撞之中相互補充和妥協，逐漸興盛起來。

說到在漢魏之際佛教興起的根本原因，其時的社會狀況是主因。湯用彤先生分析過：「當民生塗炭、天下擾亂，佛法誠對

治之良藥，安心之要術。佛教始盛於漢末，迨亦因此歟？」[02] 漢末三國分立至隋朝短暫統一的這段歷史中，社會處於接連不斷的動亂裡，饑荒、疾疫、兵燹，民眾處於無休止的苦難生活之中。當現實的悲苦無法用現實的方式得到解決和排遣，宗教就更加容易進入人們的心靈世界。人們從現實世界轉向內心世界去尋求解脫苦難的「性靈真奧」，以彌補在儒道兩家無法獲得解決的問題。佛教的義理儘管玄奧，但卻使漢魏六朝士人不得不從宇宙和人生之根本探尋真諦、尋求寄託，也使得士人的精神之境更趨深邃。佛教的精神特徵直接影響到思想文化，文學、繪畫創作和批評都濡染了佛理。從謝靈運的山水詩、劉勰的《文心雕龍》、宗炳的〈畫山水序〉中都可見佛教語言和佛理哲思。及至南朝，佛教更在社會上層傳揚，簡文帝蕭綱、梁元帝蕭繹都是佛教的信奉者。

二、佛教設計文化的興起和滲透

　　在佛教逐漸興盛的過程中，由於讚頌和膜拜的需求，石窟寺和佛寺逐漸盛行，大量佛教壁畫、雕塑和建築在上層社會的贊助下由無名工匠創作出來。石窟寺集壁畫、雕塑和建築於一體，是佛教建築和塑繪藝術的集中展現。早在漢代就有新疆地區克孜爾石窟等一些石窟的開鑿，但從今天來看，新疆地區的石窟對中原漢地石窟影響甚微。魏晉南北朝時期，隨著佛教進入中土，敦煌莫高窟、龍門石窟、麥積山石窟和雲岡石窟都開

02　湯用彤：《漢魏兩晉南北朝佛教史》，中華書局 1955 年版，第 64 頁。

始開鑿，顯示了佛教設計文化真正的在華夏文明的中心產生影響。北方之外，南方的石窟開鑿雖不具備北方的天然條件，但也略有發揮。現存南齊永明七年（西元 489 年）始建的棲霞寺，由當時隱居攝山（今棲霞山）的明僧紹舍宅為寺，名「棲霞精舍」，明僧紹之子明仲璋繼承父志，與法度禪師在棲霞山西峰石壁開鑿「三聖殿」，至梁天監十年（西元 511 年）窟群初具規模。後經隋、唐、宋、明的擴建和維修，形成了造像雲集的「千佛」景觀。宿白先生認為，較早的石窟寺當屬 5 世紀前期北涼於武威天梯山開鑿的第 1、4、18 窟，此三窟為以一多層樓閣式佛塔為中心、周繞禮拜道的塔廟窟。開鑿於孝文帝遷洛之前的雲岡塔廟窟第 1、2、6、11 窟，也皆為以石雕塔柱為中心的洞窟。中原北方除開鑿石窟外，也興建佛寺。5 世紀後期，北魏建思遠靈圖和思燕佛圖，兩者皆是以方形木構樓閣式佛塔為中心，外建長方形寺院。[03] 與佛像塑造、石窟開鑿同樣興盛的，還有佛寺建築的興建。東晉帝室、貴族、名僧及名士都熱衷於佛寺的建造，尤其到了南朝，由於皇帝的尊信和信眾的激增，江南地區更是寺塔林立、梵宮琳宇遍地。唐朝詩人杜牧〈江南春〉詩有云：「南朝四百八十寺，多少樓臺煙雨中。」清末陳作霖編纂的《南朝佛寺志》收錄了有名可考的六朝佛寺達 226 座，其中孫吳 1 所，晉 37 所，劉宋 60 所，齊 26 所，梁 91 所，陳及

03　宿白：〈東漢魏晉南北朝佛寺布局初探〉，《魏晉南北朝史唐宋考古文稿輯叢》，文物出版社 2011 年版，第 230—247 頁。

不可考者 11 所，可以窺見當時建康佛教的繁盛程度。隨寺院興起的佛教建築蔚為大觀，雖然由於氣候和戰火的損毀，今天留存不多，但文獻所記載的盛況也足以為證。據考，當時佛教類建築可分為三類：第一類為奉安佛像之所，為佛殿類建築。第二類為堂，主要供高僧宣講所用，包括講堂、禪堂及「高堂」。第三類為禪林，為僧人安禪之所。形制多樣已不再僅僅是早期北方以佛塔為中心的佛寺布局，而隨著各類佛教建築的興建，建置也日趨繁雜，出現了層軒、飛閣等許多新的形式；以佛塔為中心，開始設置中院、別院和般若臺，塔往往位於佛殿之前。

　　除了宗教和儀式場所的塑繪和建造，佛教的設計文化還呈現出向民間滲透的現象，融於世俗的生活。魏晉南北朝時期，上至帝王公卿、下到平民百姓，對於佛教的尊信，使得崇佛禮佛成為一種社會風氣，佛教文化直接融入了世俗生活的各個方面，佛教裝飾設計在建築和器物上有了不同程度的表現，出現了一些佛教裝飾主題的設計。

（一）建築

　　儘管現存的除了石窟寺之外，幾乎沒有其他建築，但出土的陶製建築構件反映了當時佛教裝飾設計的盛行。瓦當是中國古代的建築構件，一般用於宮殿、衙署和寺廟等建築，用以保護簷頭，並具有極強的裝飾性。南朝都城建康是南方佛教活動的中心，先後出土了大量陶製瓦當，其中，蓮花紋瓦當數量眾

多。1930、1940 年代，南京復成橋畔第一公園建設工地和報恩寺遺址等地，最早發現了蓮花紋瓦當。1949 年以後，相關出土資料逐漸增多。1980 年代以後，隨著城市建設的大規模發展，瓦當出土更多。其中，1999 年，南京鍾山南朝壇類建築遺存的考古發掘中，出土數百枚蓮花紋瓦當。[04] 同年 10 月，在南京市區毗盧寺東「漢府花苑」施工工地，一處東晉至南朝時期的灰坑出土多枚獸面紋與蓮花紋瓦當。[05] 2000 年，南京棲霞區北家邊聖家窪地段，南朝梁南平王蕭偉墓闕發掘中出土了 28 枚蓮花紋瓦當。[06] 在佛教的傳說中，釋迦牟尼化乘六牙白象，象口含白色蓮花，下降北天竺迦毗羅衛國，從摩耶夫人的左肋入胎。而佛陀降生時有八種瑞相，其中之一便是池沼中盛開了一朵大如車蓋的蓮花。佛陀成道後，轉法輪的底座也為蓮花。蓮花在佛教中是重要的吉祥物和象徵性名物，隨著佛教入華，蓮花作為一種裝飾題材也逐漸鋪開。六朝蓮花紋瓦當，是現在所知最早的用佛教題材進行裝飾設計的建築構件。廣州南越國宮署遺址也出土過六朝時期蓮花紋瓦當，其數量雖遠不及南京眾多，但年代上可能更早於南朝建康的蓮花紋瓦當。

04　賀雲翱等：《南京首次發現六朝大型壇類建築遺存》，《中國文物報》1999 年 9 月 8 日；《南京鍾山六朝祭壇又獲重大發現》，《中國文物報》2001 年 5 月 30 日；南京市文物研究所等：《南京鍾山南朝壇類建築遺存一號壇發掘簡報》，《文物》2003 年第 7 期。

05　賀雲翱、邵磊：〈南京毗盧寺東出土的六朝時代瓷器和瓦當〉，《東南文化》2004 年第 6 期。

06　南京市文物研究所等：〈南京梁南平王蕭偉墓闕發掘簡報〉，《文物》2002 年第 7 期。

(二) 家具和器物

　　六朝時期的室內設計較為簡單，床榻是最主要的家具，以床榻為中心布置其他器物。床榻上方懸掛帷帳，地面鋪席，席角有席鎮。南京西善橋出土一件「蓮花紋帷帳銅構件」，呈 X 形四通，中心飾以八瓣蓮紋和忍冬紋；同時，還有一件青瓷蓮瓣紋席鎮。湖北鄂城寒溪公路出土了三國吳的一枚神佛獸鏡，主紋由四組神佛像和四個獸形構成。四組像中有兩組各一像，分別為傳統神像東王公、西王母；另兩組各為二，其中一組為兩個侍神，另一組則為兩尊佛像。兩尊佛像一為坐像，結跏趺於蓮座之上，頭部似有頭光，一為立像，應為脅侍。湖北鄂城鋼廠五里墩的三國佛像夔鳳鏡，主區四桃形紋飾區內，有三區各一結跏趺坐佛像，另一區為佛三尊，正中一佛（或為菩薩）半跏趺坐於蓮座上，作思維狀，兩旁二脅侍一立一跪。另外，1956年湖北武昌蓮溪寺出土的吳永安五年（西元 262 年）校尉彭盧墓中，發現一件隨葬的鎏金銅帶飾件，正面鏨刻一立佛（或菩薩），頭上有肉髻，後有頭光，佛像袒上身，下著裙，身邊帔帛飄曳，跣足立於蓮花座上，兩側各有一仰蓮。[07] 三國西晉時的南方，佛像還出現在青瓷的裝飾中。如香薰、酒樽、盤口壺甚至唾壺上都貼塑小型坐佛形象，雖然證實了當時佛教文化對日常器物設計的影響，但同時也反映了人們對佛教題材的使用還沒

07　湖北省文物管理委員會：〈武昌蓮溪寺東吳墓清理簡報〉，《考古》1959 年第 4 期，第 189 頁。

有太多禁忌，觀念上未對佛教信仰的神聖性完全理解。家居日用中出現的佛教題材裝飾雖然現存並不多，但佛教文化的設計已融入日常生活空間的事實確鑿無疑。

第二節　玄學影響下的設計

東漢末年社會的劇變是思想領域產生新發展的契機，除佛教的傳入之外，玄學的興起是又一大思想事件。魏晉玄學指魏晉時期以老莊思想為骨架，從兩漢繁瑣的經學解放出來，企圖調和「自然」與「名教」的一種特定的哲學思潮。它討論的中心問題是「本末有無」的問題，即用思辨的方法討論關於天地萬物存在的根據的問題，也就是說，它是以一種遠離「事物」與「事務」的形式，來討論事物存在根據的本體論形而上學的問題。它是中國哲學史上第一次在老莊思想基礎上把儒、道兩大家結合的哲學嘗試。[08] 玄學是漢魏之際的社會動盪和思想激盪的產物，因其思想始於對老莊和經學的闡釋與反思而具有綜合性、思辨性特點。相較於漢代道家和黃老之學的宇宙論，其思想中的核心更重視本體論；相較於漢代儒家的經學化傾向，其思想又更具邏輯與思辨的特點。玄學獨立發展之後，儘管主要思想觀念也經歷了變化，但卻不可否認的成為魏晉南北朝時期士人思想的主流。由於不具宗教信仰獨有的神祕性和非理性因素，

08　湯一介：《魏晉玄學論講義》，鷺江出版社 2006 年版，第 41 頁。

也不需要透過建造儀式場所和崇拜的偶像來傳播思想，玄學在
造物與設計中的表現，沒能像佛教那樣迅速而直接的顯現為各
種建築、雕塑和紋飾。玄學作為一種思辨哲學，更多的表現在
思想領域，進而影響到群體的行為和生活方式，再間接反映在
造物設計上。隨著魏晉士人談玄論道的風氣日盛，一種獨特的
生活風尚和審美好尚在士人群體中逐漸成形，不僅影響了當時
造物與設計的裝飾題材、品類與形式，而且還從內在精神與氣
質上塑造了魏晉南北朝時期物質文化的整體形象。

一、三教會通與玄學的興起

　　玄學是援道入儒的產物，而其形成過程中，又與佛教相互
滲透；其後更能在魏晉道教上見到影響。漢末的紛紛亂世，使
為大一統政治服務的經學失去了存在的依託。加之本土道教的
勃興，外來佛教的傳入，諸子之學的湧起，都為玄學的形成帶
來了有效的刺激。魏晉名士往往儒道兼綜，並習佛法，如王羲
之、殷仲堪等儒士，既奉道教，又談佛理。魏晉高僧亦習儒學
並治道書，如支遁既讀儒經，亦注《莊子・逍遙遊》；廬山慧遠
少習儒書，尤善《老》、《莊》。儒、釋、道三家之學，研入深
境，義理各有相應，互不相礙。可以說，三教會通的背景是玄
學興起的思想文化土壤。

　　玄學興起正是乘儒學之末勢。兩漢經學因過分的章句推衍
而導致煩瑣穿鑿，當其固化為政治附庸的同時，也為人的自然

感情帶來束縛和壓抑。儒學的名教成為一些偽君子沽名釣譽的工具，弊端越來越暴露無遺。「儒書言人事，道家談玄虛」，儒道兩家因其立足點不同，歷來關注點各異，分歧點眾多。然而在儒學流弊四起之時，為了挽救儒家經學，使其重新獲得生機，《老》、《莊》、《易》被奉為「三玄」而重新被予以儒學化的闡述，在「援道入儒」的嘗試中促成了玄學的形成。在建安戰亂時期的特殊環境中，「黃老名法」就一度成為曹魏意識形態的主流，老莊「自然」的追求也進入士人的視野。郭象以黃老「因循」哲學為指導讀《莊子》，並將其注釋成積極入世的經典，為現實社會政治生活中統治者運用禮樂法術治國提供了依據；透過融合「因循」與「自然」，打通了「聖」、「凡」，並建立了立足於個體生命的心性哲學，為「名教」與「自然」合一奠定了人性論基礎。從正始玄學王弼的「名教源於自然」到竹林玄學的「越名教而任自然」等，再到郭象的「名教本於自然」，儘管給予兩者不同的關係定位，但玄學終歸是在調和「名教」與「自然」的矛盾，是在兩者之間找關聯而不是找差距。玄學透過解決「名教」與「自然」的問題，使其不僅成為疏導和明辨個人心性的途徑，還可以產生經邦治國的現實作用。然而，玄學所承繼老莊的精神又獨具超越社會性的特點，這點是立足於道德事功的儒家世界觀所不具備的，在儒家的規約和限制下，個人的精神自由境界遠不能夠實現；而玄學由老子之「有生於無」而衍

生的「貴無」思想，使得玄學因崇尚虛無而獨有一種玄遠和高逸的特點。魏晉士人之談玄者往往精神上嚮往隱逸，處世上自然任心，行為上放誕毀禮，皆是因玄學影響之故。

　　佛教西來之後，以道論佛、以玄釋經的現象出現，佛教及其文化與玄學思想互相影響。至西晉後期東晉之初，形成了一股僧侶與名士、佛學與玄學互相滲透的潮流。劉大傑先生在《魏晉思想論》一書中說：「佛法初來中國，多係口傳，國人尚難解其真義。於是與當日流行的道教，彼此混雜，互相推演。……因為當日那些托名黃老的方術道士，除講服食、導養、丹鼎、符籙之術以外，也講神鬼、報應、祠祀之方。而佛徒最重要的信條為神靈不滅、輪迴報應之說，奉行齋戒祭祀。故雙方容易調和結合，而成為一種佛道不分的綜合形式。」[09] 以道論佛、佛道不分的狀況在當時看來甚為普遍，而湯用彤先生在《漢魏兩晉南北朝佛教史》的「兩晉之際名僧與名士」中又指出佛教與玄學的瓜葛，僧與士的結合，始於三國吳「孫權使支謙與韋昭共輔東宮」（《高僧傳》），「其後《般若》大行於世，而僧人立身行事又在在與清談者契合。夫《般若》理趣，同符《老》、《莊》。而名僧風格，酷肖清流，宜佛教玄風，大振於華夏也。西晉支孝龍與阮庾等世稱為八達。而東晉孫綽以七道人與七賢人相擬，作《道賢論》。名人釋子共入一流。世風之變，可知矣。」[10]

09　劉大傑：《魏晉思想論》，上海古籍出版社 2000 年版，第 30 頁。

10　湯用彤：《漢魏兩晉南北朝佛教史》，中華書局 1983 年版，第 58 頁。

東晉時期，佛教義理成為清談內容之一，名士風範的高僧與上層士人多有來往，並以其卓越的玄學與佛學理論素養，成為談座上的主角。道與玄淵源深厚，本質上相通。道家學說肇始於老子，而玄學也本來是道家哲學中的一個用語，老子《道德經》謂「玄之又玄，眾妙之門」。佛教講去奢省欲，清靜無為，與道教有共通性。道與玄的「貴無」與佛教崇尚虛、空的思想之間的相似，使得道家與玄學的理論能夠被引入闡說佛教教義。《高僧傳》記載慧遠講佛經時，「引《莊子》義為連類，於是惑者曉然」（《高僧傳》卷六〈晉廬山釋慧遠〉）。道家與玄學都是以老莊學說為代表的道學為理論依據的思想。道玄的思想與佛教思想亦具有某種相通之處，使得以道論佛、以玄釋經成為可能。

　　整體而言，魏晉時期，玄學以《老》、《莊》、《易》為研究核心，重新闡釋了古代經典並激發活化了儒學。玄學基於老莊來附和儒家，對已經失去維繫人心作用的兩漢經學做了改造，統合了儒家的「禮法」、「名教」、「人道」等思想，建立了一個自足的理論體系並對其他思想體系產生影響。

二、士人生活風尚及其設計文化

　　魏晉玄學的發展，是士人理論探討和辯論的過程，也是其親身實踐和探尋的歷程。從文人士大夫义化的歷史發展來看，魏晉時期是士人文化體系的創立期，也正是魏晉時期特有的思想氛圍為其創造了獨立發展的條件。玄學所推舉的人生觀和價

第三章　魏晉南北朝時期的設計美學

值觀，使魏晉士人立身行事迥異於前，與儒家人生觀強烈的社會性相比，他們更加重視個體情感的抒發與個性的張揚。正如前文所說，他們在精神上嚮往隱逸，處世上自然任心，行為上放誕毀禮，而其對揮灑生命、不拘禮法的生活方式並不以為怪，反而競相追逐，成為一種風尚。以名士生活為中心形成的典型藝術題材當屬「竹林七賢」。「竹林七賢」指三國魏正始年間嵇康、阮籍、山濤、向秀、劉伶、王戎及阮咸七位名士，《世說新語·任誕》說他們「七人常集於竹林之下，肆意酣暢，故世謂竹林七賢」。正因為對玄學精神的崇尚和對士人生活方式的嚮往，「竹林七賢」的題材被不斷表現並逐漸程序化，廣泛進入墓葬的裝飾領域，留在了我們今天看到的多處南朝墓室磚畫中。墓室裝飾是喪葬觀念的反映，也許不能成為玄風日盛的有力說辭。再看士人的日常生活，卻不得不說玄學的精神幾乎浸潤了他們生活的各個方面。魏晉士人愛好的清談、服藥、飲酒、賦詩、彈琴、弈棋、書畫等文化活動和生活方式，無一不與高韜遠逸的人格追求和自由任心的生命意識息息相關。士人的生活風尚往往浸潤著形而上的意義，也賦予行為和相關事物以特定文化內涵，是其審美意識和審美好尚的表徵。以下擷取幾種器物和服飾風尚為例，闡述玄學影響下，士人生活中的設計文化。

在魏晉士人的清談活動中，有一種重要的道具就是麈尾。歷代對其淵流、形制多有關注研究。麈乃麋鹿，其尾較大而多毛，麈尾當為取其尾製成的掌上型器物，「即魏、晉人清談所

揮之塵。其形如羽扇，柄之左右傅以塵尾之毫，絕不似今之馬尾拂塵。此種塵尾恆於魏、齊維摩說法造像中見之。」[11] 據李修建考證，漢末曹魏時期的墓室壁畫中即已出現了塵尾。在 1991 年發掘的洛陽市朱村東漢壁畫墓中，發現墓室壁畫 3 幅，其一為墓主夫婦宴飲圖，上有墓主夫婦 2 人，男女僕各 2 人，「男墓主左側，榻床下並立二男僕，一男僕右手執一塵尾，左手執笏抱於胸前，頭戴黑帽，濃眉朱唇，身穿長袍，皂緣領袖」。圖中的塵尾為黑色桃形夾板，夾板周邊有寬窄兩道金線，內飾花紋，夾板外緣繪出赭色塵尾毛，下有柄。[12] 另在北京石景山魏晉壁畫墓、洛陽澗西出土的曹魏時期畫像銅鏡、洛陽出土的一具北魏畫像石棺上都有手執塵尾人物像。由此推斷，塵尾在漢末六朝時期是常見的日用器物。至西晉清談活動之中，塵尾已成為重要的道具。《世說新語》中樂廣令答客「旨不至」問題時，先「直以塵尾柄确几」以示「至」，後「因又舉塵尾」示「非至」，說明至若能去則非真至，於是客乃悟服。樂廣執塵尾辨名析理，辭約而旨達，塵尾在對談之中作為道具使用，加強了語言效果，渲染了談話氛圍，正所謂「拂靜塵暑，引飾妙詞」（《藝文類聚·卷六十九·服飾部》：徐陵〈塵尾銘〉）。塵尾形制巧妙、材質精美，又能助興清談、隨意揮灑，常被士人隨

11　余嘉錫：《世說新語箋疏》，中華書局 2011 年版，第 99 頁。

12　洛陽市第二文物工作隊：〈洛陽市朱村東漢壁畫墓發掘簡報〉，載《文物》1992 年第 12 期。

身攜帶。《世說新語・容止》：「王夷甫容貌整麗，妙於談玄，恆捉白玉柄麈尾，與手都無分別。」王衍常持麈尾，以白玉為柄，精美華貴，而王衍由於膚白，其手的顏色與玉柄看上去渾然一體。如此儀容深受王公貴人賞慕乃至追隨，競相執玉柄麈尾來模仿，可見，麈尾已經成為士人清談乃至日常生活中點綴儀容、標榜才情的風流雅器。《世說新語・傷逝》：「王長史病篤，寢臥燈下，轉麈尾視之，嘆曰：『如此人，曾不得四十！』及亡，劉尹臨殯，以犀柄麈尾著柩中，因慟絕。」彌留之際的王濛因麈尾這個重要道具引發生命的喟嘆，而逝後前來弔唁的朋友也將麈尾與之相伴。麈尾在生死之間的重要時刻出場，更顯示其與主人生命的深情勾連，與名士身分的休戚相關。

就首服而言，魏晉士人一反服冠的傳統而流行戴巾，尤其是粗布製作的葛巾備受推崇。作為衣冠上國，中國古代向來講究衣冠不分家，對首服極為重視，男性首服主要為冠、冕、巾、帽四種。巾是以包裹的方式束縛和遮蓋頭髮，一般由各種布製成。《後漢書・郭符許列傳》注引周遷《輿服雜事》云：「巾以葛為之，形如幩，本居士野人所服。」《晉書・輿服志》稱：「巾，以葛為之，形如幩而橫著之。」唐顏師古注〈急就篇〉云：「古者士夫有冠無巾，惟庶人有之。」上層士大夫在正式場合不能佩戴巾，只有庶民或「卑賤執事者」因不能戴冠而只可束巾。漢末始，王公名士燕居之時多佩戴幅巾。《宋書・禮志》引〈傅玄子〉，「漢末王公名士，多委王服，以幅巾為雅」。至魏晉，

士人之談玄論道者逐漸以戴巾為雅尚。因為巾與平民身分的淵源，故天生帶著閒適的意味，其輕鬆的氛圍和自然的天性，與崇尚隱逸的士人不謀而合。用整幅葛布製成的巾，從額往後包髮，並將巾繫緊，餘幅使其自然垂後，垂長一般至肩或至背，這種佩巾之風甚為流行。南京西善橋南朝墓室磚畫「竹林七賢與榮啟期」上的山濤和阮咸像，都是頭戴幅巾的。《晉書‧隱逸傳》記載了隱士穴居野處，如郭文，「恆著鹿裘葛巾，不飲酒食肉，區種菽麥，采竹葉木實，貿鹽以自供」。《南史》卷七十六《隱逸傳下‧吳苞傳》記載吳苞為：「冠黃葛巾，竹麈尾，蔬食二十餘年。」許孜，「元康中，郡察孝廉，不起，巾褐終身」（《晉書‧卷八十八‧孝友傳》）。而名士苻融以「幅巾奮褎，談辭如雲」的形象為人所記。可見，原為平民所佩戴的葛巾被魏晉士人賦予了高逸的文化品格而成為時尚，也超越了其物質屬性而成為一種身分的標識。如果平民出任官吏，則可稱為「解巾」或「釋巾」。在蕭統所撰的《陶淵明傳》中記載的陶潛「葛巾漉酒」之行為，更成為士人讚美羨慕的對象。「郡將嘗候之，值其釀熟，取頭上葛巾漉酒，漉畢，還復著。」陶淵明脫下頭巾漉酒，盡顯其率真灑脫和嗜酒之性，以致後世將「葛巾漉酒」引為典故入詩入畫，葛巾遂又多了一層文化意象和符號意義。

　　就足服而言，魏晉是木屐風行的時代，其原因與士人不拘禮法、追求曠達的生活方式有關。屐是一種有齒之履，在鞋履底部，前後各安裝直豎狀齒，為減少鞋底與路面的接觸，方便

行走。由於裝上了雙齒，鞋底的高度有所增加，在泥地行走還不易滑跌。唐顏師古注〈急就篇〉：「屐者，以木為之，而施兩齒，所以踐泥。」製作屐的材料主要是木料，故有「木屐」之稱。如嵇康之孫嵇含《南方草木狀》有：「抱木生於水松之旁，若寄生然，極柔弱，不勝刀鋸，乘溼時，刳而為屐，易如削瓜。」木屐以木塊為底，上有繫帶，穿時對足部不能形成包裹，且走路時會發出聲響。因此，除了為外出而著高齒屐，或為家居方便穿脫，木屐在正式場合是不便穿的，然而魏晉士人卻對木屐情有獨鍾。《世說新語·忿狷》記晉人王述性情急躁，用餐時以筷子戳刺雞蛋，刺之未破，便大怒擲地，雞蛋圓轉不止，王述便「下地，以屐齒蹍之」，可見家居著屐甚為普遍。謝靈運喜歡登山，他發明了一種木屐，底部有齒可以脫卸，以利上下山時保持身體平衡。《宋書·謝靈運傳》云：「靈運常著木屐，上山則去前齒，下山則去後齒。」李白詩「腳著謝公屐，身登青雲梯」，所敘的正是可脫卸的齒屐。《顏氏家訓》記稱：「梁朝全盛之時，貴遊子弟，多無學術……無不薰衣剃面，傅粉施朱。駕長簷車，躡高齒屐。」說明當時高跟齒屐的風行。2009年7月至2010年8月，南京城南顏料坊出土12件東晉南朝木屐，保存較為完好，其中7件為有齒木屐。木屐的風行是魏晉士人放誕自任、不遵禮法的表現。《爾雅·釋名·釋衣服》有「履者，禮也，飾足以為禮也」，可見鞋履的形式與尊禮與否關係重大。魏晉士人因信奉玄學而主張放任天性、輕慢禮法，對足上

所履何物已不再嚴格要求，只憑隨意與自適，使得木屐的流行也獨有了文化的含義。

第三節　設計美學觀的混雜性與多變性

魏晉南北朝時期是中國古代思想史上第二個黃金時代。大一統漢王朝的解體，也意味著儒學獨尊的面貌走向終結。三教會通的多元化取代了經學化的儒家思想，加之本土民間信仰和外來文化的不斷滲透，思想與信仰領域出現前所未有的繁榮和複雜。同時，頻仍的政權更替和權力中心的不時轉換，變動著本來就未曾穩固的文化和審美觀，使得設計的美學觀由於思想和信仰的多元而呈現出混雜性，也因主動或被動的各種原因呈現出變動不居的特點。

一、混雜性

隨著大一統漢王朝的解體，士人個性覺醒，更加注重思辨，多元化的思想逐步取代了經學化的儒家思想，官學、私學蓬勃興起，出現一派繁榮複雜的景象。學術界曾有人以「二學（儒學、玄學）」和「二教（佛教、道教）」概括當時諸學並起的狀況。佛教從印度傳入中國，道教從本土文化中孕育而生，這兩種宗教在魏晉分裂動盪的特殊時代得到了迅速發展，與儒學、玄學等思想相互碰撞，相互激揚，前文對「三教會通」和

第三章　魏晉南北朝時期的設計美學

玄學興起的狀況已有述及。的確，魏晉諸學說思想之間既有彼此駁詰，又有交流互釋，但更多的是相容並包。這種開放相容、多元並存從思想領域滲透到社會生活之中，也反映為設計上的複雜面貌。除此之外，盛行於民間的祥瑞觀念，以及隨胡風東漸的西亞、中亞乃至歐洲的裝飾設計也在此有了交融和混雜。從造物設計的角度來看，魏晉南北朝正是設計美學觀碰撞交融的時期，呈現出許多互相影響、互為補充的現象。從題材、形式和風格來看，設計呈現的你中有我、我中有你的面貌堪稱複雜，其中既有基於理解上的包容與接納，也有不求甚解的借用和挪用。

先看佛教對儒家設計文化的滲透。縱觀整個魏晉南北朝，佛教文化在社會中明顯強勢於儒家文化。由於是外來的宗教，佛教更能引起北方少數民族統治者入主中原的心理上的認可，因此，佛教在北朝得到統治者的支持而長盛不衰。北魏建立了一套管理僧尼和寺院的組織，管理日益增多的僧尼人口和寺院事務。北魏洛陽城的設計一方面遵從儒家思想進行整體規畫，另一方面，也在規劃之初就預先在外城和內城安排了佛寺的位置。石窟寺的開鑿和建造更是風氣熾盛，不僅在佛教東傳的地理區域先後開鑿，甚至在南朝都城建康也有開鑿。隨著佛教興盛、寺院興起，佛教建築蔚為大觀，雖然由於氣候和戰火的損毀，今天留存不多，但文獻所記載的盛況也足以為證。值得注意的是，佛教裝飾設計在南朝的漢族士族大家的墓葬中多有表現。儒家的孝道觀認為，「事死如事生，事亡如事存，孝之至

也」（《禮記・中庸》）。葬制形式之核心的墓室設計尤其要求
遵從儒家倫理觀。漢代以來，厚葬的風行也是儒家孝道觀的呈
現。然而在魏晉南北朝，這種情況發生了轉變。眾所周知，魏
晉時期是中國封建社會中喪事最為儉薄的時代。當然，薄葬之
風的原因是多方面的，既有戰亂時代客觀環境的限制，也有統
治者出於種種原因的主觀選擇。但不得不說，佛教在社會上的
廣泛傳布，給予了人們更為灑脫、豁達、自然的生死觀，對待
身後事的態度也就相對淡泊得多。如晉人周嵩「精於事佛，臨刑
猶於市誦經云」。王恭「臨刑，猶誦佛經，自理鬚鬢，神無懼
容」，周嵩、王恭二人面對死亡的達觀，是魏晉士人所稱頌的心
性和修養，從「誦經」的行為來看，也正是佛教賦予了二人無所
懼怕的心態。喪事儉薄的風氣有可能受到佛教思想影響是一個
方面，另一方面，墓室的裝飾設計也直接出現了佛教題材。江
蘇丹陽胡橋鶴仙坳南朝大墓甬道兩側的磚畫是獅子和武士，西
壁前段殘存「羽人戲虎」壁畫，東壁後段下方殘存「騎馬樂隊」
壁畫，還有半幅「竹林七賢圖」，上方則是雲氣、飛天和蓮紋，
其中兩個飛天形象，一個手持仙果，另一個做撒仙果狀。「飛
天」形像在北方的佛教遺存中率先出現後逐步漢化，但是，在
南方卻少見。丹陽胡橋鶴仙坳南朝大墓的「飛天」，是「飛天」
形象首次出現在南方漢族墓葬之中。此外，獅子、蓮紋是隨佛
教而來的藝術元素；「竹林七賢」的圖像是明顯的玄學符號。
晉室南遷將中原漢族的葬制帶到江東，因襲的還是儒家的傳統

第三章　魏晉南北朝時期的設計美學

倫理和孝道觀，丹陽胡橋鶴仙坳南朝大墓的佛教題材和玄學內容，顯示了佛教文化在儒家傳統倫理核心的喪葬空間的滲透。

再看道教對佛教設計文化的影響。道教形成於漢代，以古代民間信仰為基礎，以神仙說為中心，宣揚長生不老和得道成仙，主張自然和無為。魏晉時期，帝王宗室、世家大族，信仰道教的人很多，葛洪、陸修靜、陶景弘是當時道教的代表人物。在現存早期佛塔上，道教天象圖形和八卦符號出現多次。甘肅酒泉的程段兒塔、高善穆塔和敦煌的三危山塔、沙山塔都為十六國與北朝之交時北涼的遺存。在其基座上分刻有八卦符號，有的在朝上的弧面刻北星象。而在北朝造像碑上，又出現了大量帶有道教特徵的佛像。有的佛像帶有「山」字形冠，著漢式服裝，但結跏趺而坐；還有的手執麈尾。這些形象有的混雜著道教神仙術士和佛像的雙重特徵，有的又有明顯玄學影響的痕跡，是魏晉南北朝思想文化複雜性在設計審美上的顯現。魏晉南北朝時期是瓷器的發展期，瓷器的裝飾設計也反映了根植於本土信仰的道教與外來佛教的融合。隨著青瓷日益成熟，南北朝青瓷中都出現了蓮花尊。1948 年，河北景縣封氏墓陸續出土了四件青瓷蓮花尊，斷代為北齊。1972 年，南京仙林靈山一座大型南朝墓葬出土了青瓷蓮花尊。1982 年，山東淄博淄川區北朝晚期墓葬中出土了一件青瓷蓮花尊。青瓷蓮花尊以器形碩大、紋飾精美、製作工藝複雜著稱於世。以蓮花為主要裝飾圖案，採用了浮雕、模印、刻畫等裝飾手法，將蓮花紋恰當的裝

飾在每個部位，或仰或覆，或高或低，巧妙穿插，上下呼應，通體蓮花滲透著濃厚的佛教色彩。此外，湖北武昌也出土過幾件南朝齊代青瓷蓮花尊，但體積較小。在佛教中，蓮花代表「淨土」，象徵「自性清淨」，因此，南北朝瓷器的蓮花和蓮瓣紋很顯然是佛教文化影響的產物。然而，出土於墓葬的蓮花尊在功能上卻很可能是一種「魂瓶」，是安奉墓主靈魂的器皿。臺灣學者謝明良曾研究三國兩晉時期的青瓷佛像裝飾，發現許多青瓷罐都有貼塑的佛像。據統計，加飾佛像的瓷罐至少有 16 件，有的一件器物上堆貼多尊佛像，最多的達到七尊。[13] 結合當時「招魂葬」的習俗，許多學者認為，堆貼佛像的青瓷罐功能是作為死者靈魂棲息之所，其前身是東漢時期的五聯罐。近人張拯亢最早將這類器物命名為「魂瓶」，也有學者將之稱為「穀倉」。吳晉時期的「魂瓶」到南北朝時逐漸消失，而蓮花尊卻正在此時興起並集中出現在墓葬之中。這似乎可以說，蓮花尊是作為「魂瓶」的功能而出現的。許多學者認為，五聯罐乃至魂瓶，是「蓬萊仙境」的象徵，與陰陽五行和升仙思想有關聯。然而，虔心來生轉世、在死後往生西方淨土是佛教的生死觀，其喪葬觀中並不重視肉體保存和靈魂招引，之前也並沒有用以收納靈魂的陪葬物。因此，似乎可以說，南北朝青瓷蓮花尊是佛教設計風

13　謝明良：〈三國兩晉時期越窯青瓷所見的佛像裝飾〉，（臺北）《故宮學術季刊》1985 年第 3 期，第 37 頁。

第三章　魏晉南北朝時期的設計美學

格與古老的蓬萊神話、陰陽五行說，乃至靈魂觀念結合的產物。

　　接著看玄學的流播中交融出的設計形態。如前所述，玄學是流行於士族階層的思想，其對設計文化的影響主要不是展現在具體的裝飾題材和樣式上，而是更多展現在思想觀念和審美情趣層面。也許正因為此，玄學題材與其他信仰的結合反而更無宗教的禁忌。至少前述已經有兩個例證顯示在佛道二教設計題材中有玄學的影響：一例為丹陽胡橋鶴仙坳南朝大墓中出現的飛天、蓮紋、羽人戲虎、騎馬樂隊和竹林七賢並存的圖像；另一例則是北朝造像碑上手執塵尾的佛像。在魏晉墓葬裝飾圖像中，除了儒家的賢君、忠臣、孝子、烈女的形象，高人隱士的形象也常常出現。最有代表性的當屬「竹林七賢與榮啟期」畫像磚在南京、丹陽兩地南朝大墓中的出現，儘管對「七賢」形象在此是否具有升仙功能、是否成為具有道教意義的宗教偶像尚存在不同意見，但玄學題材的滲透力和魏晉設計美學觀念的相容性可見一斑。前文提到塵尾在魏晉時期與玄學相始終的象徵意義，值得注意的是，執塵尾的風氣還在周邊民族和地區中有影響。雲南昭通後海子東晉霍承嗣墓壁畫中的霍承嗣像手執塵尾[14]；朝鮮安岳發現的冬壽墓壁畫中的冬壽像亦執塵尾[15]；寧夏固原北魏漆棺墓，「漆棺前擋的畫面是墓主人生前生活圖」，

14　〈雲南昭通後海子東晉壁畫清理簡報〉，《文物》1963 年第 12 期。

15　宿白：〈朝鮮安岳所發現的冬壽墓〉，《文物參考資料》，1952 年第 1 期；洪晴玉：〈關於冬壽墓的發現和研究〉，《考古》1959 年第 1 期。

「屋內長方形榻上屈膝斜坐一中年男子，其背後，為一網狀物。頭戴高冠，身穿著袖圓領長袍，窄口褲，腰束帶，足蹬尖頭烏靴，是鮮卑民族的裝束。右手執耳杯，小指翹起，左手握麈尾」。[16] 在遠離華夏文明和玄學發生核心區的地區，或是在少數民族墓葬圖像中有執麈尾圖像的存在，說明麈尾作為一種文化的象徵物已經在其他民族和地區流播，玄學也與少數民族和其他文明有所交流。

　　最後看「二學二教」之外的其他思想與文化在設計中的交融混雜。漢韻與胡風的相容並存是魏晉時期設計文化的特點，當然，「漢」與「胡」兩者本身包容面都相當之大，儒道釋玄概莫能外，由於本段是在「二學二教」之後再來闡述，就不再以前述內容為重點，而著重於前文未述及的一些傳統祥瑞題材設計，以及西亞、中亞乃至歐洲的裝飾設計在中土交融的例證。祥瑞文化發端於古人的凶吉觀念，經歷了西漢董仲舒糅合陰陽五行學說把儒學神學化的過程，將一系列物象與內涵相繼對應，寄託祥瑞的意義。祥瑞文化雖然沒有行之成文的理論體系和學說著作，但根植於社會的廣泛與深刻程度卻不可小覷。東漢晚期，一種稱為蹀躞帶的腰帶形式從西北少數民族流傳過來。在腰上所束的革帶上，為佩掛隨身實用小器具的方便，在帶鞓上裝上銙和環，銙環上再掛幾根附有小帶鉤的小帶子，這種小帶子叫做蹀躞，附有蹀躞的腰帶稱為蹀躞帶。魏晉南北朝時期的

16　固原博物館：《固原北魏墓漆棺畫》，寧夏人民出版社 1988 年版，第 1—19 頁。

蹀躞帶，頭端裝有金屬帶扣，帶扣一般鏤有動物紋和穿帶尾用的穿孔，穿孔上裝有可以活動的短扣針。湖北漢陽東晉墓曾出土一組鎏金銅帶具，殘存革帶飾牌、帶扣、銙等 10 件構件，其上鏤雕的圖案是龍、鳳、虎，間以蓮花和葡萄等。[17]《前漢紀·序》有「凡祥瑞：黃龍見，鳳凰集，麒麟臻，神馬出，神鳥翔，神雀集，白虎仁獸獲，寶鼎升，寶磬神光見」，龍為中國特有的圖像，來自於上古氏族圖騰，最初為夏氏族之圖騰，雛形為蟲蛇之形，後經由多個氏族的爭戰合併，綜合了各氏族所崇拜之圖騰的特徵，最終演變形成了龍的形象。秦漢之時，政治、文化由中央集權政府大一統，「龍」的圖形也更加形象化、圖案化。同樣，鳳之演化也是由雞、鳥、鷹、雀等綜合演化而成，亦為中國特有的圖像，在漢民族中具有祥瑞意義。東晉墓出土的蹀躞帶上，祥瑞意義的龍鳳紋與佛教紋樣蓮花同時出現，已顯現出內涵的混雜性，再併有葡萄紋，更添一份異域風情。[18]此外，現存 33 處位於南京、丹陽和句容的南朝陵墓石刻是草原絲路文化交流的鮮明佐證，也是南朝審美雜糅的表徵。[19]南朝陵墓石刻神獸都為有雙翼的「有翼獸」[20]，源於小亞細亞美索不達米

17　劉森森：〈湖北漢陽出土的晉代鎏金銅帶具〉，《考古》1994 年第 10 期。

18　1959 年新疆民豐尼雅遺址出土了東漢時期人獸葡萄紋彩罽和走獸葡萄紋綺，西漢張騫出使西域並引進大宛葡萄品種，中國始有此物種。

19　保存較多的是梁文帝蕭順之建陵、齊明帝蕭鸞之興安陵、梁吳平忠侯蕭景墓、梁大將軍蕭宏墓神道前的神獸和石柱。

20　國外有翼獸形象最早在西亞地區出現，西元前 18 世紀巴比倫凱西特國王碑上的「格

亞地區，漢代以前就已東傳。漢代稱其為天祿或闢邪，稱謂本身就有祥瑞的意義；南朝稱帝陵石獸為麒麟，王侯墓石獸為獅子，逐漸賦予導引升仙的功能。中國古代，「自商周以降，是以龍、鳳為主。戰國以來，並形成由青龍、白虎、朱雀、玄武構成的『四靈』，後來麒麟加入其中，也叫『五靈』，但天祿、闢邪不在其中。天祿、闢邪在中國藝術中的地位很微妙，它不僅是以外來的獅子作為依託，從一開始就與外來藝術有不解之緣」，「它對中國藝術的影響，不僅是各種動物的『翼化』，而且對本土藝術中的龍和外來藝術中的獅子也有很大影響，使它們彼此的形象都得到很大改觀」。[21] 南朝有翼獸定型為類似獅子的有翼獅，如梁文帝蕭順之建陵前有石獸和方形石礎，還有石柱及石龜趺座各一對；石獸魁梧雄壯，姿態傳神，獸脊作通貫首尾連珠狀紋飾，雙翼微翹，翼面雕有卷雲紋、細鱗和長翎。石柱分柱礎、柱身、柱頭三部分。柱礎上圓下方，浮雕一對環狀摛龍，口內銜珠，頭有雙角，四足，修尾；柱身作希臘式隱陷直刓稜紋；柱頭有圓蓋，浮雕蓮花，蓋上刻圓雕小闢邪，蓋下原有長方形柱額。無論是有翼獸本身承載的文化交流資訊，還是石柱石碑雜糅的佛教紋樣、希臘樣式，都呈現出南朝設計在多民族長時間文明碰撞與交融之後，設計審美觀念的開放與

里芬」圖案為其最初形態，後波斯人征服伊朗高原，有翼獸形象被繼承和改造。

21　李零：〈論中國的有翼神獸〉，《中國學術》2001 年第 1 期。

相容並蓄。

二、多變性

　　魏晉南北朝，尤其是在東晉南朝之時，胡漢政權並立，北方和西南先後經歷二十多個政權，即使是相對安寧的南方也經歷四朝更替，戰爭離亂和社會動盪的程度可想而知。連綿不斷的戰爭和頻繁更迭的政權，也使得文化上呈現出差異多於統一、流動多於靜止、變化多於穩定的狀態。中原漢族傳統文化失去強勢地位的同時，周邊少數民族強勢崛起。此時，設計文化和審美觀念變遷的動因，一方面是南遷漢族政權禮制鬆弛後，觀念相對自由而形成的物質文化選擇；另一方面是北方少數民族政權執掌者主觀選擇的結果，即執政者的「改制」。

　　晉室南渡後，南方政權多受佛教、道教和玄學影響，反而在國家禮儀和制度上漸趨鬆弛。加之人口遷徙和物質流通，更為思想觀念和生活方式的不斷變化提供了契機。正如葛洪描述：「喪亂日久，風頹教沮。抑斷之儀廢，簡脫之俗成。近人值政化之蚩役，庸民遭道網之絕紊，猶網魚之去水罟，圍獸之出陸羅也。喪亂以來，事物屢變。冠履衣服，袖袂財制，日月改易，無復一定。乍長乍短，一廣一狹，忽高忽卑，或粗或細，所飾無常，以同為快。其好事者，朝夕放（仿）效，所謂京輦貴大眉，遠方皆半額也。」（《抱朴子·外篇·譏惑卷》）走出漢代大一統的魏晉，其時社會環境多變導致禮法觀念趨於淡漠，服

飾的款式風格變化多端，且流行的時效性都異常短暫。北方游
牧民族盛行的袴褶沿襲了一種軍旅服裝，普遍的為南北平民所
接受，其基本款式為上身穿短衫，下身穿肥管袴，而為了方便
往往將袴向上提，並在下口加以束縛。另有裲襠，也是很快被
南方漢族接受的少數民族服裝。如前文所述，玄學在士人階層
中的興起，「越名教而任自然」的觀念使得張揚個性和標舉風
流成為一種生活態度。自由而隨性的追求適意的生活方式帶來
的結果是，對日常物質文化的選擇從來沒有可以秉承的一貫標
準，而是在標新立異和不拘一格中以極快的速度更新變化。三
國後期，平民服裝一般上身寬大，至齊梁時期，轉而為上身緊
窄短小、下身寬鬆飄逸，借助寬大的衣服和飄舉的衣袂表現出
玄遠、高逸的氣質。更有士人寬衣大衫，甚至袒身露體，如竹
林七賢，其深沉譏世、放蕩不羈的形象就表現於寬衫大袖的著
衣方式，甚至是袒身裸呈。《宋書・周郎傳》有描述衣衫之寬
大：「凡一袖之大，足斷為兩，一裾之長，可分為二。」趨於寬
大的褒衣博帶既是當時的玄學思潮和時代風尚的產物，也不排
除有追慕漢魏舊制的意義寄託。[22] 此外，婦女的髮式也特別多樣

22　《洛陽伽藍記》記述，梁將陳慶之入洛陽後，發現「自晉、宋以來，號洛陽為荒
　　土，此中謂長江以北，盡是夷狄。昨至洛陽，始知衣冠士族，並在中原。禮儀富
　　盛，人物殷阜，目所不識，口不能傳」。慶之因此羽儀服式，悉如魏法。江表士
　　庶，競相模楷，褒衣博帶，被及秣陵。儘管要說梁朝是以北朝為楷模而流行褒衣博
　　帶的服飾尚有斷章取義之嫌，但可以肯定的是，南方朝野對漢魏制度血脈相連的認
　　同絕對從未切斷。

和多變。不少婦女模仿少數民族婦女，將頭髮縮成單鬟或雙鬟鬟式，高聳在頭頂之上。由於高髻的流行，出現了用假髮製成髮髻再戴到頭上的風氣。也有梳丫髻或螺髻，還有受佛教人物衣著打扮影響，出現在髮頂正中分出鬟鬟，梳成上豎的環式，曰「飛天鬟」。凡此種種，無一不是觀念和生活方式不斷變化、日趨多樣的表徵。

執政者的「改制」是出於立國建制的考慮，卻往往曲折多變，不能一蹴而就。進入中原的文明程度相對落後的各少數民族在掌握政權以後，在客觀上需要汲取一部分對維護政權有用的儒家觀念和國家制度，在主觀上更需要充分表達其政權的合法性和正統性。出於這種考慮，一些少數民族政權執掌者的作為主要是：其一，以中原為正統，在選擇都城和權力中心的地理位置時，盡量靠近中原。其二，受漢文化所奉行的大一統政治觀影響，不承認並立的其他政權，都把統一當作最高的政治目標。其三，文化上主動向漢魏傳統靠攏，建立符合儒家傳統的物質文化制度。北朝少數民族政權入主中原、混一戎華的政治意願都很強烈，前秦、北魏、北周等都是學習漢族制度相當主動的政權，其中，以鮮卑族建立的北魏最為突出。北魏孝文帝元宏倡議的「孝文改制」是鮮卑政權禮制漢化歷史上廣為人知的標誌性事件，所謂「禮俗之敘，粲然復興；河洛之間，重隆周道」（《魏書·崔玄伯傳》）。孝文帝改拓跋姓氏，率「群

臣皆服漢魏衣冠」，透過推行改制，鮮卑不再穿著原來的夾領小袖衣服，秦漢以來冠服舊制得以賡續。司馬金龍墓漆畫（西元484 年）首先出現了漢族上層「褒衣博帶」的裝束，寧懋（西元454 至 501 年）墓石刻畫像中，寧懋像亦著褒衣。但是，一個民族的制度、文化和習俗的轉變並非輕而易舉，以北魏為例，鮮卑族在立國之初就曾主動採納漢晉舊制，但卻並不順利。改制的曲折、波動和反覆，反映在物質文化的形態上，不穩定的情況和變動的面貌幾乎一直持續著。北魏開國皇帝拓跋珪在天興初年（西元 398 年）就延用熟悉朝儀制度的中原士人創建制度，「敬授民時，行夏之正」，甚至學習漢族服冠的習慣，命朝野束髮加帽。然而由於種種原因，實情卻是「自晉左遷，中原禮儀多闕。後魏天興六年（六年應為元年之誤），詔有司始制冠冕，各依品秩，以示等差，然未能皆得舊制」（《隋書·卷一一·禮儀志六》）。《魏書·禮志》也說：「自永嘉擾攘，神州蕪穢，禮壞樂崩，人神殲殄。太祖南定燕趙，日不暇給，仍世征伐，務恢疆宇，雖馬上治之，未遑制作。至於經國軌儀，互舉其大，但事多粗略，且兼闕遺。」隋初攝太常少卿裴政明確的指出：「後魏已來，制度咸闕，天興之歲，草創繕修，所造車服，多參胡制。」因草創之時不夠嚴謹，形制違古，以至於「輿輦衣冠，甚多迂怪」（《隋書·卷一二·禮儀志七》）。《魏書·禮志》又說：「太祖世所制車輦，雖參采古式，多違舊章。」由

於缺乏可信參照或是有意保留鮮卑舊俗，天興初年所定制度未能皆得舊制。儘管如此，從基本面貌上，天興改制還是實現了有限的漢化，改變了游牧民族部落聯盟的形態，並建立起了類似於中原漢族的國家禮制和相關物質形態。然而，天賜二年（西元 405 年）北魏卻又復辟舊制，舊制復辟既有出於族眾文化水準較低而接納度有限的緣由，也有出於少數民族政權對中原漢族文化的防範心理，甚至還有貴族勢力與新興皇權爭奪抗衡的原因。在這次倒退性的復辟中，罷廢了尚書機構，按鮮卑部落時代的舊制舉行了西郊祭天，並且，在天興初年由崔宏等人遵從陰陽五行學說定北魏從土德而服用黃色、犧牲用白的儀制也被廢止。這種狀況一直延續到太和十八年（西元 494 年）孝文帝遷都洛陽後高調推行漢化政策，再次循從漢魏傳統制定冠冕服章，「褒衣博帶」的裝束始大行其道。即使如此，也仍不能形成絕對的統一。《魏書》有描述樂平王丕，「雅愛本風，不達新式，至於變俗遷洛，改官制服，禁絕舊言，皆所不願。高祖知其如此，亦不逼之，但誘示大理，令其不生同異。至於衣冕已行，朱服列位，而丕猶常服列在坐隅。晚乃稍加弁帶，而不能修飾容儀」（《魏書·神元平文諸帝子孫列傳第二》）。由此可見，對極少數不接納態度，也只能容忍。北魏分裂後，控制東魏的高氏建立北齊，北齊上層在反對曾經使他們受到壓制的士族制的同時，也反對漢化並引發了鮮卑族服裝的再度流行。《舊唐書·輿服志》記載：「北朝則雜以戎夷之制，爰至北齊，有長

帽短靴，合袴襖子，朱紫玄黃，各任所好，雖謁見君上，出入省寺，若非元正大會，一切通用。」可見，北齊後北朝服飾制度較為鬆弛，服飾形制色彩也進入更為自由多變的階段。總而言之，北朝少數民族政權既會出於維護正統性而改制，也曾受到各種因素影響而復辟舊制，因而，在民族文化的交融過程中極易違背初衷或形成阻擾，其曲折、波動和反覆，使得物質文化呈現出更為複雜多變的面貌。

第四節　設計美學觀的南北分化

談到中國歷史上地區分異的觀念演變，魏晉南北朝是一個轉捩點。先秦時期，舉四方以定中央，最早出現的是「中國」與「四夷」的概念，「中國」處於東夷、南蠻、北狄和西戎的圍合之中。西元前 11 世紀初葉，周武王聯合西土各族，經牧野一戰滅商；武王去世後，周公東征繼續剷除商遺裔並征伐「東尸」、「東彧」。隨著戰爭與征服，「中國」的概念隨之擴大。春秋時期，孔子說及「南人」，雖然猶有文化上的區隔之意，但實質上應是認可南方已在近於「國」觀念的天下之中。不過，此時的南蠻與北狄均無法取代「姬周」、「殷商」和「東夷」成為歷史舞臺上的主角。戰國時期，在經過不斷的征戰後，各據一方的諸侯國所呈現出的地域劃分，在區分國別的同時也一定程度上表現了文化上的差異。秦漢大一統之後，「中國」的概念範圍在擴

大的基礎上相對穩定。不過，春秋戰國以東西對抗為特徵的政治角力，在漢代得到某種程度上的延續，豐鎬與洛邑、長安與洛陽的進退轉折，使「東西」之界限和差別顯得更為重要，地區文化分異也更多表現為東部與西部、北部的差異。然而東漢以來，南方經濟、文化的進步和社會勢力的成長，為孫吳及東晉南朝政權的成立和維持提供了基礎，使中國歷史的發展由東西相抗，經三國鼎立，形成南北對立的局面，並最終使南北朝分立成為可能。永嘉南渡之後，中國政治與文化格局的地區分異正式從「東西」轉而成為「南北」。

　　若更為細膩的觀察，南北觀念的形成和發展有著曲折的歷程和多重的內涵，既不能再像先秦之時一樣以「夷夏」辨之，也不能簡單理解為農耕文明與游牧文化的差別。魏晉南北朝時期，南方文化和北方文化都是不斷融合的產物，永嘉「東渡以後的南方文化不是原先南方文化的發展，而是北方文化 —— 作為中國文化主流的中原文化南遷後與既有的南方文化融合、蛻變而生成的新的主流文化，而北方文化則隨著中原文化的衰弱和北方少數民族文化的進入，形成了一種比較質樸的非主流文化。」[23] 南方文化的主流化緣於中原文化的遷入和融合，北方文化也由於主體的變遷而成為胡漢交融的新形態。概而言之，「西晉吳人入洛時，漸有南北觀念；永嘉之亂，晉室南渡之後，形

23　高小康：〈永嘉東渡與中國文藝傳統的蛻變〉，《文學評論》1996 年第 4 期。

成了僑姓為北，江南土著為南的觀念，在南北朝時期，南朝為南，北朝為北，而在南朝內部仍有南人北人之別。」[24] 不過，南朝內部的南人北人分異問題在元嘉北伐之後逐漸淡化。西元 430年，宋文帝北伐失敗，而西元 439 年北魏在北方獲得統一，這樣的局面給了南朝政權極大壓力，為了一致抵禦北魏，在努力協調與改善的措施下，南朝內部的南北矛盾逐漸平息。到了梁陳時期，徙民與土著的差別感消失、一體感逐漸誕生。至此，南北分異的重點在於，晉室南渡後中原文化來到南方並與南方文化融合形成的文化與北方少數民族文化的差別。此時，南方文化由於保存了漢魏傳統又積極融合成為主流，並對北方少數民族文化形成回饋。而在北方，胡漢文化經過前所未有的充分交融，已經難分彼此。

　　從造物設計的視角來觀察，南北文化的形成過程也是技術、工藝和審美觀念在交融中重新適應所在人群和地域的過程。由於造物設計與自然環境、生活方式和思想觀念的密切相關性，即使在魏晉南北朝之前，造物設計的地區差異肯定也是必然存在的。但事實上，無論是先秦集中於黃河流域的文明，還是春秋戰國建立於諸侯割據發展之上而形成的多方並立的物質文化格局，都並未顯示出長江中下游造物設計文化的實力和特點。漢末三國鼎立和兩晉南北朝政權更替變化，逐漸使長江

24　李修建：《中國審美意識通史·魏晉南北朝卷》，人民出版社 2017 年版，第 367 頁。

中下游的實力變得雄厚，也使得江南文化突顯出其地位和特點。由於漢末魏晉的歷史進程中，政權分立、文化傳遞和人群流動明確的顯示出地理上的方向性，「南」與「北」成為差別的重心，其物質文化面貌南北分異也開始出現在中國傳統的設計歷史中，並對後世產生了深遠影響。其中，以北方地區的物質文化為基礎，隋唐的開放包容和盛大氣象得以形成；以南方地區的物質文化和士人精神為基礎，發展了五代以後直至清初最能代表傳統人文精神的物質文化及其品評體系。魏晉南北朝開始，南北分異之命題在設計上表現為南北風格的分化與並立。雖則對於包括物質文化在內的南北文化評價不斷有厚此薄彼的優劣之論，然而卻不能不說，在一些領域裡，南北風格的共存並立，造就了傳統設計多元豐富的面貌。

一、都城營造的地域審美

都城的規畫設計承載著政治意志和國家觀念，其空間一旦形成，又約束和引導著群體的活動和行為，對塑造民眾審美心理的作用明顯。「永嘉之亂」後，南遷政權在三國吳都建業基礎上營造的建康城，成為之後東晉、宋、齊、梁、陳五代帝都。建康城營造之初，也許是為了聲明政權的正統性，抑或是存念於光復洛陽，設計在整體上展現出承襲舊制的思路，有些宮殿名和城門名直接挪用自西晉洛陽城。但是，為適應南方地形環境和表現地域特有的自然資源和風物之美，建康城的營造採取

了許多不同於北方都城的手法，也達成了與北方都城異趣的空間格局和審美特徵。

在整體平面布局上，受長江和青溪水流向東的影響，建康城呈「東北 —— 西南」走向，傾斜度約二十五度。[25] 北方都城由於是在平原地區建造，全賴人為布置，在「南北 —— 東西」走向上形成了「街衢平直」、「阡陌條暢」的整齊形態，而建康城不僅在布局上整體傾斜，而且外郭區和都城區也並非都是規則的方形，部分地區沿著地形自然延展。《世說新語》記載，「宣武移鎮南洲，制街衢平直。人謂王東亭曰：『丞相（王導）初營建康，無所因承，而制置紆曲，方此為劣。』東亭曰：『此丞相乃所以為巧。江左地促，不如中國。若使阡陌條暢，則一覽而盡；故紆餘委曲，若不可測。』」（《世說新語·言語》）北方地勢開闊平坦，築城易於方正平直，而丞相王導主持營造建康之際，因勢利導利用南方自然條件，形成「紆餘委曲，若不可測」的效果。建康地處長江流域沖積地區，屬丘陵地帶，其東青溪流經，群山環抱，東北傍鍾山，北臨玄武湖、雞籠山和覆舟山，東由秦淮河、燕雀湖而通青溪，西依盧龍山、馬鞍山、石頭山，南枕秦淮河和牛首山，山清水秀的特點十分明顯。東晉成帝咸和二年（西元 327 年）發生的「蘇峻之亂」導致建康城

25　張學鋒：〈六朝建康城的研究、發掘與復原〉，《蔣贊初先生八秩華誕頌壽紀念論文集》，學苑出版社 2009 年版，第 276—292 頁。

被破壞,城內外一片廢墟。平亂之後,丞相王導率眾重新營造建康城。「是時始用磚壘宮城,而創構樓觀。」[26]《建康實錄》卷七《顯宗成皇帝》載:「(咸和五年)九月,作新宮,始繕苑城,修六門。」又曰:「(咸和七年)冬十一月,新宮成,署曰建康宮,亦名顯陽宮,開五門:南面二門,東西北各一門。」[27]後在宮城之外的都城區又修建東宮、華林園、官署區、倉庫區等。宮城區的宮牆內側種植有石榴,環繞宮城區護城河的沿岸種植橘樹,宮殿的庭院和三臺、三省種有槐樹,都城區向南延伸的御道兩旁植有柳樹和槐樹,構成「樹以青槐,互以綠水。玄蔭眈眈,清流亹亹」(左思〈吳都賦〉)的美景。而在外郭區,直到陳朝都是用竹籬和柵籬圍起,並設有五十六個籬門。(《太平御覽・卷一九七・居處部二五・藩籬》)外郭是沿地形自然形成,因而是高低曲折而非整齊劃一的;外郭城籬門之外還種植有桐柏。相較於北方都城磚土壘砌的硬質城牆,建康城用竹籬和樹木圍繞分隔的方式,充分適應了南方潮溼多雨的氣候條件,也將自然植物資源利用到了極致。其天然水系、蜿蜒牆籬和蔥蘢的樹木所形成的園林般的城市環境,時常進入詩文而被記詠,構成了後世對這座都城的記憶與想像。如果說〈兩京賦〉、〈兩都賦〉為北方都城的開闊雄壯之美樹立了形象,那

26　[唐]許嵩撰,張忱石點校:《建康實錄》,中華書局 1986 年版,第 194 頁。

27　[唐]許嵩撰,張忱石點校:《建康實錄》,中華書局 1986 年版,第 181 頁。

麼，謝朓〈入朝曲〉中的詩句則以寫實的筆法，勾勒出了不同於北方都城的清麗秀美景象：「江南佳麗地，金陵帝王州。逶迤帶綠水，迢遞起朱樓。飛甍夾馳道，垂楊蔭御溝。」垂楊繞綠水、曲池圍城垣，南朝建康的都城風景有天真自然的清秀之美；館閣玲瓏、飛甍夾道，南朝建康的都城風景也有不露聲色的繁華之美；烏衣巷、朱雀橋、建章闕、臺城柳，南朝建康的都城風景中還有蘊藉深厚的詩意之美。「夾岸曲塵三月柳，疏窗金粉六朝人」，與北方風格及氣質迥異的南朝建康，已然被後世作為一個時代地域性的都市風景的想像，牢固的連接於歷史的鏈條之上。

二、園林設計的吳下新風

魏晉以前，影響中國園林的主要是根植於華夏文化中的神話傳說，即崑崙山和蓬萊神話。對崑崙和蓬萊仙境的熱望，使得秦漢以皇家為主導的園林將神話原型作為人工營造的理想對象。秦始皇「引渭水為池，築為蓬、瀛，刻石為鯨，長二百丈」（《史記・秦始皇本紀》）。以人工壘築「蓬萊山」和「蓬瀛」。漢代對崑蓬傳說和仙方奇術仍然置信不疑，漢武帝曾大規模派遣船隻入東海尋找蓬萊仙島。建章宮「其北治大池，漸臺高二十餘丈，名曰太液池，中有蓬萊、方丈、瀛洲、壺梁，象海中神山龜魚之屬」（《史記・孝武本紀》）。求仙信念支配著秦漢園林將嚮往仙境的願望轉化為構築仙境的熱情，因而形成了皇家園囿中宮苑池山「一池三島」的整體布局模式。而在秦漢時期，

第三章　魏晉南北朝時期的設計美學

私家園林的營建有可能剛剛興起便被壓制。《三輔黃圖》引《漢舊儀》記載茂陵富民袁廣漢構築私園，「漢上林苑，即秦之舊苑也……茂陵富民袁廣漢，藏鏹巨萬，家僮八九百人。於北邙山下築園，東西四里，南北五里，激流水注其中。構石為山，高十餘丈，連延數里。養白鸚鵡、紫鴛鴦、犛牛、青兕，奇獸珍禽，委積其間。積沙為洲嶼，激水為波濤，致江鷗海鶴孕雛產鷇，延漫林池；奇樹異草，靡不培植。屋皆徘徊連屬，重閣修廊，行之移晷不能徧也」[28]。占地寬廣、重閣修廊、蓄養珍禽異獸的私園可謂豪奢，也許正是因此，「廣漢後有罪誅，沒入為官園，鳥獸草木，皆移入上林苑中」[29]。袁廣漢園林是魏晉以前有記載的唯一私園，富民大治園林終不為皇帝見容，難逃其被罰沒併入上林苑的命運。

到魏晉時期，士族的崛起帶動私家園林逐漸興起，而北方私園的構築盡顯侈矜誇的風氣。西晉石崇因與王愷爭富，修築「金谷園」。金谷園因山形水勢，築園建館，挖湖開塘，周圍幾十里內，樓榭亭閣，高下錯落，水流縈繞穿流其間，鳥鳴幽村，魚躍荷塘。石崇還用絹綢茶葉派人去南洋群島換回珍珠、瑪瑙、琥珀、犀角、象牙等奇珍裝飾園內。陸翽的《鄴中記》記載後趙石虎的華林苑，其奢華較金谷園更甚。而北魏司農張倫

28　何清谷：《三輔黃圖校釋》，《三輔黃圖》卷四，中華書局 2005 年版，第 230 頁。

29　何清谷：《三輔黃圖校釋》，《三輔黃圖》卷四，中華書局 2005 年版，第 234 頁。

的園林，其奢侈程度甚至超過君王：「惟倫最為奢侈：齋宇光麗，服玩精奇；車馬出入，逾於邦君。園林山池之美，諸王莫及！」[30] 北方王公貴族的園林，競爭的關鍵大抵在於其規模宏大、樓館眾多、器玩精麗和花草珍奇。

　　與此同時的南朝也很講究園林，但其理想境界既不在於構築人間的崑蓬仙境，也不為鬥奢誇富。如果說北方園林是王公貴族的園林，那麼南方園林則是屬於文人隱士的園林。南朝宋時文人戴顒，其父戴逵是知名儒士，也是擅畫山水的高手。戴顒與其父一樣，終生浪跡潁湄，棲景箕岑。他因「志託丘園，自求蘅箪，恬靜之操，久而不渝」被《宋書》歸列為「隱逸」一類。《宋書·隱逸傳》曾記戴顒：「桐廬僻遠，難以養疾，乃出居吳下。吳下士人共為築室，聚石引水，植林開澗，少年繁密，有若自然。」[31] 戴顒出居吳下，吳下士人與其共築園林，這說明在當時當地的士人中，依自身的審美來構築園林應該已經成為一種風氣。戴顒與吳下士人共築的園林，不是帝王的神仙天界，也不是貴族的享樂之所，而是避退世俗事務後棲心棲身的處所。正如吳世昌先生在《魏晉風流與私家園林》中寫的那樣：「在北部，只有王公貴族才有資格才有能力建築園林。在江

30　［北魏］楊衒之：《洛陽伽藍記》卷二，《文淵閣四庫全書》第 587 冊，（臺北）商務印書館，1986 年版，第 19 頁。

31　［南朝梁］沈約：《宋書》第 8 冊，卷九三，列傳第五十三《隱逸》，中華書局1974 年版，第 2277 頁。

南則不然，陶淵明窮到向人乞食，餓得好幾天不能起床，然而他還有『方宅十餘畝，草屋八九間，榆柳蔭後簷，桃李羅堂前』（〈歸園田居〉），還有『花藥分列，林竹翳如』（〈時運〉）。」[32] 熱心於求田問舍，醉心於經營莊園，是士人「向外發現自然，向內發現自己」的結果，徜徉自然山水之中，進而營造「有若自然」的園林景致並寄託情志，使之成為涵詠更多的「人的景觀」。江南的私家園林是士人游目騁懷的場所，也是隱士蕭條高寄的對象，因而其構景的主題往往比景觀本身更為凸顯。士人園林的這種特徵甚至對同樣熱衷玄學的皇帝產生影響，簡文帝司馬昱遊玩華林園後嘆道：「會心處不必在遠，翳然林水，便自有濠濮間想也。覺鳥獸禽魚自來親人。」其用典莊子，傳達不在廟堂而在山林的人生旨趣。

　　整體而言，南方園林是圍繞南朝士大夫文人生命體驗而設的生活場景。在審美上，大多摒去奢侈華靡的習氣，追求素淡玄遠的境界；在規模上，更不會刻意追求宏大，僅是「猶得敧側八九丈，縱橫數十步，榆柳兩三行，梨桃百餘樹」即可避開紛亂喧囂，獨享自在悠遊。如此對比下，南北園林之玲瓏與宏闊、樸雅與奢華，正是因其主體的不同而各具鮮明的特點。

三、陶瓷業南北體系的開創

32　吳世昌：〈魏晉風流與私家園林〉，《語文學刊》1934 年第 2 期，第 80—114 頁。

　　魏晉南北朝是陶瓷業發展的重要時期，瓷器成為生活中最常見的日用器物，「南青北白」的格局自此時開始建立。尚剛認為，三國西晉的裝飾、造型大抵延續漢風，雄健瑰奇仍是基本的追求，但在這個主潮之中也透露出清新自然的氣象。「和地域因素結合，清新柔和為東晉與南朝繼承、發展，而漢風則被逐漸摒棄，逐漸演化出清秀溫柔的風格。十六國和北朝的情形不同，清新自然基本被扼殺，工藝美術漸漸孕育出雄強華麗的風格。判斷西晉以後的南北工藝美術風格，主要的依據是瓷器。」[33]

　　以青瓷為主的南方瓷，其基礎就是來自晉代的「縹瓷」。「縹」指的是瓷器的色澤，由於南方瓷土中氧化矽成分高而氧化鋁成分較低，胎體呈灰色，在高溫還原氣氛下燒成後，表面呈現出青綠、青白或青灰色，稱為「縹」。東漢許慎的《說文》裡解釋「縹」字說「縹，帛青白色」，是指紡織品的淡青色澤。西晉潘岳〈笙賦〉中則有「披黃苞以授甘，傾縹瓷以酌醽」的說法。西晉青瓷出產於今浙江永嘉一帶居多。杜毓〈荈賦〉裡有「器擇陶挑選，出自東甌」句，「東甌」即甌窯，窯址分布在今浙江永嘉楠溪江畔的東岸與羅溪一帶。東漢晚期，甌窯已能燒製青瓷和黑瓷兩類瓷器；兩晉南北朝，甌窯則以「縹瓷」而聞名。此外，在南京及周邊也大量出土了東吳至六朝的青瓷，

33　尚剛：《中國工藝美術史新編》，高等教育出版社 2007 年版，第 184 頁。

其他如武昌、江西、廣東、四川也有兩晉南北朝青瓷出土，主要以罐、壺、碗等日用器皿為主，胎質堅細，釉色淡青，由於燒成氣氛不同與成分的差異，也有呈現青綠、黃綠或青灰色。有些古代文獻裡還以「綠瓷」名之，如《西京雜記》有「醪釀既成，綠瓷是啟」，唐人季南金詩中也有「聽得松風並潤水，急呼縹色綠瓷杯」。青瓷以深淺不同、偏色各異的釉色為人所喜愛，其色澤常因與雨後晴空、遠山蒼黛、浩渺碧水或是無瑕美玉相似度高而相提並論，不禁讓人想起吳均的〈與朱元思書〉中描寫的景致：「風煙俱淨，天山共色。從流飄蕩，任意東西。自富陽至桐廬一百許里，奇山異水，天下獨絕。水皆縹碧，千丈見底。游魚細石，直視無礙。」江南山水的清秀之美，正是籠罩在一片縹碧之中。不少詩賦歌詠縹瓷或濃或淡的釉色「層翠欲染」，有如「千峰翠色」，也有描寫其如「雨過天青」，更有「類玉」「類冰」之比擬，兼有蒼天、青山、綠水、碧玉之靈秀。色澤是青瓷審美的重要因素，概觀其所比擬的事物，主要有兩類指向：其一，是對自然山水之色的情態再現，其青綠之色與自然山水的淡雅清潤一致，其釉色濃淡又能營造自然界空靈多變的各種情態。對青釉的獨鍾，實則反映了對自然的情感，也是亙古以來以農耕社會「天人合一」觀下的審美心理表現。其二，是對玉的色澤和質感的再現，其深淺不同、偏色各異的青綠色與玉高度相似，半透明的表面再現了美玉溫潤的質感，反映了

自古以來的崇玉傳統，也是「以玉比德」觀的延伸。透過這兩類事物的聯想與比附，青瓷的形式美特質正與潛藏於文明積澱深處的審美要素相融合，說明青瓷也是傳統文化心理在一定條件下的物化。因此，青瓷體系雖先發於白瓷，但在北方的白瓷發展起來後卻並沒有衰落，經隋唐五代的發展，至宋代達到高峰。

與此同時，北方的白瓷也在孕育中逐漸誕生。南方的瓷土由於高矽低鋁，釉料中含有一定的氧化鐵，器物燒成後呈現出深淺不同的青色。而北方瓷土氧化鋁含量高，並且釉料中鐵元素的含量較低。胎體燒成後，透過半透明的玻璃釉質，呈現出白色。魏晉南北朝的瓷器製造在瓷土的選擇上比起前代要精細，粉碎和淘洗也仔細，所以雜質少，燒結後結構密緻；北方在此基礎上選擇含鐵量較少的瓷土並對釉料加工精製，得到趨於純淨的透明釉施在胎體表面，燒製出了白瓷。釉質純淨、釉色潔白的白瓷被賦予「類銀」、「類雪」的比擬以讚美其冰清玉潔（陸羽《茶經·卷中·四之器》「盌」條）。白瓷不僅釉質更為純淨，釉層也比青瓷薄許多，這都有賴於製瓷技術的精細化。儘管因為大規模的白瓷出現稍晚，常以隋開皇十年（西元590 年）元威夫婦合葬墓、大業元年（西元 605 年）李裕墓、大業四年（西元 608 年）蘇統師墓出土的白瓷器為標誌性起點，因而通常也以白瓷出現於隋代為常識；但河南安陽北齊武平六年（西元 575 年）范粹墓出土的 9 件白瓷，已經完全可以證明

第三章　魏晉南北朝時期的設計美學

北方地區白瓷產生的年代最晚應該在北朝晚期，另外，2009 年河南鞏義白河窯也出土了北魏時期的白瓷杯。范粹墓出土的白瓷，器形有碗、三系罐、四系罐、長頸瓶等。范粹墓出土的白瓷中還有一件白釉綠彩長頸瓶，顯示彩色釉工藝的出現，即以白瓷為基礎，加上呈色金屬元素而發明「釉中掛綵」工藝，該工藝為唐三彩的出現準備了條件。無論是「釉中掛綵」，還是後世的釉下青花、釉裡紅及各種釉上彩繪瓷器都必須以優良的白瓷為基礎而產生，因而白瓷在陶瓷史上的意義是具有里程碑性質的。北朝對白瓷的欣賞可能與占據統治地位的北方民族有關。北朝以鮮卑族為主的北方草原民族早期都曾信奉薩滿教，在薩滿教的教義中，白是善和福瑞的象徵。因而，白瓷的出現也反映了北方草原民族的審美文化和趣味。

　　青瓷和白瓷的出現，是中國瓷器分化為顏色釉和彩繪瓷兩類的前提。儘管典型意義上的「南青北白」是指唐代南方越窯青瓷與北方邢窯白瓷並存的格局，但這兩種製瓷體系實質上在魏晉南北朝時期即已具有了雛形。

第四章
隋唐五代時期的設計美學

第四章　隋唐五代時期的設計美學

　　西元 580 年，北周宣帝病逝，外戚楊堅扶持年幼的靜帝宇文闡，以大丞相身分輔政。次年，靜帝禪讓帝位於楊堅，楊堅登基為帝，即隋文帝，建國隋。隋文帝在對突厥作戰勝利後，於西元 587 年廢西梁後主蕭琮，西梁亡。隔年又發動滅陳之戰，西元 589 年，進入建康城，俘虜陳後主。不久，各地陳軍或受陳後主號令投降、或抵抗隋軍而被消滅，只有嶺南地區據守。西元 590 年，隋廷派使臣韋洸等人安撫嶺南，嶺南諸州遂為隋地。至此，隋朝結束西晉永嘉之亂以來 280 餘年南北分裂的局面，完成了中國的統一。隋朝後期突厥崛起，加之關東民變集中爆發，政權岌岌可危。此時，出身北周貴族的大將李淵籌畫了晉陽起兵，與李世民等人殺副留守王威、高君雅，建大將軍府，又招降關中孫華起義軍。西元 617 年，攻取長安，立隋煬帝孫楊侑為帝，遙尊隋煬帝為太上皇，改元義寧，自為大丞相，封唐王。西元 618 年春，貪圖享樂的隋煬帝遊樂揚州，被宇文化及、司馬德戡與裴虔通等人所殺。隋煬帝被殺後，李淵迫使隋恭帝楊侑禪位，自立為帝，國號唐，建元武德。統一的唐王朝前後 289 年，歷二十一帝。唐太宗繼位後開創「貞觀之治」，唐高宗承貞觀遺風開創「永徽之治」。西元 690 年，武則天以周代唐，定都洛陽，史稱武周。西元 705 年，唐中宗李顯恢復唐朝國號。唐玄宗即位後勵精圖治，開創了萬邦來朝的開元盛世。「安史之亂」後，藩鎮割據、宦官專權導致國力漸衰，中後期又經「元和中興」、「會昌中興」、「大中之治」，國

勢復振。西元 875 年，黃巢起義的爆發破壞了唐王朝的統治根基。西元 907 年，朱溫廢唐哀帝李柷，自行稱帝，建都開封。此後，中國北方先後建立起後梁、後唐、後晉、後漢和後周五個較強大的王朝。與此同時，南方各地又陸續並存過九個較小的割據政權，即吳、南唐、吳越、楚、前蜀、後蜀、南漢、南平及閩九國；北方河東地區則有北漢勢力。這段史稱「五代十國」的歷史中，「五代」所統治的地區大約在黃河流域一帶，「十國」除北漢外，大都分布在淮水以南直至廣東一帶。五代十國的最高統治者絕大多數是唐末的節度使，事實上，五代十國本質上是唐末藩鎮割據的繼續和發展。

隋唐兩朝的重新統一，其歷史進程與秦漢兩代極為相似。范文瀾先生曾說：「秦始皇創秦制，為漢以後各朝所沿襲；隋文帝創隋制，為唐以後各朝所遵循。秦隋兩朝都有極大的貢獻，不能因為歷年短促，忽視它們在歷史上的作用。」[01] 秦漢與隋唐不僅在制度變革上重演著一種相似的模式，而且在文化面貌和審美風貌上也表現出相似性。秦隋的大膽創制與漢唐的改良妥協，從政治和社會制度上為穩定的生存環境和繁榮的物質文明創造了條件。隋唐統一以後，相對安定的國家環境為生產的發展提供了條件；逐漸發達的商業也刺激了手工業蓬勃發展。在開放包容的對外政策之下，盛唐時期的文明一面在海納百川中

---

01 范文瀾：《中國通史》第三冊，人民出版社 1978 年版，第 4 頁。

相容汲取，一面也在積極自信中澤被一方。從造物設計的整體面貌和審美特徵來看，隋至唐中期與漢至魏晉北朝相近，表現出雄渾強健、雍容典麗的特點；而唐代中後期至五代，則一定程度上承襲了南朝柔和清綺的審美氣質。

第一節　文物之盛與智識之貧

得益於統一的國家、制度和思想，盛期的隋唐演繹了一個歷史巔峰的形象。「橫制六合，駿奔百蠻」的帝國聲威具體呈現於其社會制度的領先、文學藝術創作的繁榮，也表現於其經濟發展後物質文明所呈現出的空前輝煌。但正如有學者說，「統一的國家有了統一的思想與文化，是大幸，也暗含著不幸」[02]。當帝國被納入一種穩定的秩序之中，朝政清平、國泰民安，無論是批評還是憂患都失去了對象，也就難以再出現具有洞見力的思想。盛期的隋唐，在造物設計上的成果與文學藝術創作一樣，無疑是豐富多樣的，但對造物設計的技術總結、審美評判和價值反思卻微乎其微。只是在中唐以後，那種靜觀與思辨的能力才重回到思想領域。

一、文物之盛

隋唐造物設計是漢代以後的又一高峰，正如蘇軾在〈書吳道

02　葛兆光：《中國思想史》第二卷，復旦大學出版社 2001 年版，第 5 頁。

子畫後〉中說：「君子之於學，百工之於技，自三代歷漢至唐而備矣。」唐代造物設計的臻於完備，表現在其更全面的造物門類、更多樣的裝飾手法、更精良的製作工藝和更強大的供給能力上。無論是陶瓷、織繡還是金銀銅器、竹木髹漆，都在長期的技術累積和技藝更新中，越來越接近於熟稔，隨著對外交流的深入，一些新的材料和工藝也開始傳入、發展。官方制度完善、民間經濟活躍、對外交流通暢和文化氛圍自由，都是隋唐造物設計獲得這些成就的主要原因。

　　隋唐五代中央設有管理日用造作的少府監，也有管理皇家營造和土木建築的將作監。官府手工業生產雖只供應官方消耗，但其規模卻很大。開元末，少府監有工匠 19,850 人，將作監有工匠 15,000 人，且「皆取材力強壯，技能工巧者」。和大多數歷史時期一樣，隋唐五代的官方手工業的情況也必然的代表著當時技藝的水準。儘管如此，皇室仍會透過土貢制度來向民間納取更多的日用物品，且庸調制度中也包括了以絹、麻等紡織品代替勞役的內容，於是，民間手工業的成果透過這些管道流向宮廷。可以說，官方手工業是對民間手工業遴選和徵用的結果，而民間手工業才是造物設計發展真正的母體和土壤。唐代長安設有東、西市，兩市內部都有縱橫交錯的「井」字形街道，街道旁店鋪鱗次櫛比。西市有大衣行、靴轡行、秤行、絹行，東市的作坊商行也和西市大致相仿。民間手工業一部分

依賴於城市而發展成為初具雛形的行會手工業，形成專業作坊；另一部分則在自古以來的家庭手工業中逐步壯大規模，並出現了僱用工匠、募集奴隸的大手工業。[03]

　　無論是官方手工業還是民間的城市手工作坊、家庭大手工業，設計和生產能力都達到前所未見的水準。以絲織品為例，《大唐六典》所載諸州貢賦中的綾就有十幾種：文綾、方紋綾、仙文綾、樗蒲綾、鏡花綾、范陽綾、兩窠細綾、魚紋綾、花紋綾、緋綾、交梭綾等。日本龍谷大學收藏的開元天寶間西州物價表上提到的絲織品名，亦有綾、紗、錦、羅、暈、綢、練、絹、縵、綿等10餘種。而就製瓷業來說，由於唐代商業貿易極度繁榮，銅錢流通量驟增，為聚銅製錢，朝廷詔諭天下，禁止用銅鑄造生活用品，進而促進了瓷器作為日用器物的爆發式發展。盛唐時期，全國窯場數量達到50處左右，遍及關內、河南、河東、河北、山南、江南、劍南、嶺南八道。金屬器物的鑄造在隋唐時期尤為繁盛，既有銅鐵類既往常見的器物，也有金銀等貴金屬的器物。銅器中，銅鏡的製作工藝水準極為高超，鎏金、鎏銀、捶金、捶銀、平脫、螺鈿和寶石鑲嵌等工藝都發展成熟。金銀器也因為社會經濟的發達和域外風氣的影響

03　《太平廣記》卷二四三「何明遠」條引《朝野僉載》說：「唐定州何明遠大富，主官中三驛，每於驛旁起店停商，專以襲胡為業，資財巨萬，家有綾機五百張。」另，卷二六九條「韋公幹」條引《投荒雜錄》載：「（瓊山）郡守韋公幹者……有女奴四百人，執業者大半：有織花縑文紗者，有伸角為器者，有熔鍛金銀者，有攻珍木為什具者。其家如市，日考月課，唯恐不程。」

而逐漸流行，《大唐六典》和《元和郡縣志》所載金銀產地有 42 處，且選礦、採礦、碎砂、提純都有了較高的技術。據測試分析，當時銀器成色已在 98％到 99％之間。1958 年，西安李靜訓隋墓出土黃金盞和鏤鑲寶石的金項鍊、手鐲、戒指等多件，工藝之精，前代未有；1970 年 10 月，陝西西安何家村出土碗、盤、盆、壺、罐、鍋、盒、檔、薰爐、薰球等銀器 230件；1982 年元旦，江蘇丹徒縣丁卯橋附近工地出土有甕、龜負「玉燭」、酒令籌、盒、盆、托子、碟、盤、碗、杯、注子、瓶、薰爐、鍋、筋、匕、勺鐲、釵等共計 950 餘件銀器；1987年，陝西扶風法門寺發現懿、僖二宗瘞藏於地宮的寶物，其中金銀法供養器、生活器 121 件（組），如十二環純金錫杖金銀茶碾和茶羅、茶籠、鎏金雙鳳銀棺、鎏金銀如意等，令人嘆為觀止。以上幾處出土器物品種多樣、造型奇巧、紋飾繁緝、製作精湛，反映了唐代金銀器的製作水準。隋唐時期木製器物主要以家具為主，木質家具的情況，圖像方面反映在敦煌壁畫最為集中，實物方面則可參照日本正倉院所藏。正倉院所藏家具有屏風、几案、床榻、椅、雙陸局、棋局、箱、櫃等，最能代表唐代木質家具的樣式和工藝。隋唐時期，垂足而坐尚未完全取代席地而坐成為唯一的起居方式，因而呈現高低型家具並用的局面。一邊是憑几、矮足床、茵席等仍然保留，一邊也出現了經桌、香案、禪椅、方凳、香几、鼓形墩等高足家具，品類尤

為繁多。

　　如上所述，隋唐時期造物門類之齊全、裝飾手法之多樣、製作工藝之精湛已遠遠超過前代，加之強大的生產能力，使之完全能夠滿足御用和各階層生活所需。自古便有「蠶叢古國」之譽的蜀地，盛產絲織物，精緻絢麗的提花絲織品蜀錦是西南地區的絲織名品。天寶十五年（西元 756 年），僅成都一次就納貢春彩十餘萬匹。[04] 官僚豪客競相在蜀地蒐羅綾錦，造作奇服，同時，蜀錦也行銷全國，供給各地市場。杜牧〈揚州三首〉詩云：「蜀船紅錦重，越囊水沉堆。」描述蜀錦由水路從成都運來揚州的境況。如蜀錦一樣從地方而行銷全國的知名產品不勝羅列，如襄州的漆器、揚州的銅鏡、桂州的銅盤、滄州的柳編、河南府的白瓷⋯⋯王永興的《隋唐五代經濟史料彙編校注》中，將《大唐六典》、《通典》和《新唐書・地理志》中的資料做了詳細輯錄和校注，較為全面的反映了隋唐五代各地手工業產品的生產能力和供給情況。亞當史密斯在《國富論》中總結了中國古代經濟發展的大國模式，他寫道，「中國幅員是那麼廣大，居民是那麼多，氣候是各式各樣，因此各地方有各式各樣的產物，各省間的水運交通，大部分又是極其便利，所以單單這個廣大國內市場，就夠支持很大的製造業，並且容許很可觀的分工程度」。可以說，隋唐五代的經濟發展，開啟了這種國內市場為

04　［後唐］劉昫等：《舊唐書》卷九《玄宗》，中華書局 1975 年版，第 233 頁。

主的大國發展模式，人口規模和國土面積的增長，加上大運河的開通，共同推動了商品市場的繁榮。《舊唐書》卷九四曰：「且如天下諸津，舟航所聚，旁通蜀漢，前指閩越，七澤十藪，三河五湖，控引河洛，兼包淮海，弘舸巨艦，千舳萬艘，交貿往還，昧旦永日。」大小商賈走南闖北，「求珠駕滄海，采玉上荊衡。北買党項馬，西擒吐蕃鸚。炎洲布火浣，蜀地錦織成」（元稹〈估客樂〉）。

　　各手工業領域強大的生產和供給能力，不僅滿足了中國各階層生活所需，還能遠銷海外。隋唐的對外貿易在陸路和海路兩條線上發展，以「安史之亂」為界，前段陸上絲綢之路占據主角，後段海上貿易路線繁盛通暢。前期運出行銷的主要以絲綢為主，唐中期以後，瓷器逐漸成為對外出口的大宗。瓷器的長途運輸更適合海途，造船技術和海運的發展為運輸瓷器這類質重易損的商品提供了便利條件。《新唐書·閻立德傳》記載，唐貞觀時閻立德在洪州造「浮海大航五百艘」。高桅大帆之海舶，貯貨能力強，以供載貨出海遠航。1998 年在印尼爪哇島附近發現的「黑石號」沉船，是中晚唐時期的商船，船上載有六萬多件遺物，包括五萬多件長沙窯的瓷器，還有一部分揚州產的銅鏡和金銀器，反映了這一時期手工業品經由海上之路大量銷往海外的盛況。而與此相呼應，在朝鮮、日本、東南亞、南亞、西亞、非洲也都曾出土過唐和五代的瓷器。

二、智識之貧

　　與物質文明的高度發達形成對照的是，隋唐時期知識界在學術與思想上的貢獻極為有限。也許這並不是一個必然的規律，但至少隋唐時期強盛的國力並未助益於學術的深度和思想的高度。有人認為，以盛唐時期的國力，唐代應該擔當文化建設並將其推向華夏文明巔峰的使命。然而事實卻是，唐代文化更多的展現為文學和藝術創作的發達，也包括各類物品工藝裝飾的繁榮，而在理論建設和價值探索方面作為甚少，既不如春秋戰國和漢魏六朝，也不比宋代，甚至明代。回溯華夏文明的進程，思想史上的第一個高峰是春秋戰國諸子百家學說的闡發，其中以儒、法、道三家學說對後世影響甚大。漢代的貢獻在於它確立了華夏文明發展的主線，系統整理與闡釋了經典，並以外儒內法的結構完成了帝國形式與內涵的建設。縱觀思想史的進程，春秋戰國功在思想的開創，漢代功在經學化及制度建構，宋明儒學則側重闡釋義理。而處在其間的唐代，雖有強盛的國力，卻無學術和思想上的大建樹。錢穆先生在《晚學盲言》的「政治與社會」部分曾這樣評論：「唐代在中國學術史上，實僅可稱一文學時代，前不如南北朝，後更不如宋。……唐代可稱述者，除富強外，人物則可謂渺乎在後矣。……言學術思想，則在中國歷史上又每以漢宋對比。宋代實為中國歷史上之文藝復興時代，而唐代實乃其衰落時代。」而葛兆光先生則

直接將之評為思想史上一段「盛世的平庸」。說「衰落」或許言之過重，但如果從歷史的縱向比較上來看唐代儒學的活力、三教講論與社會生活之互動，則說「思想的平庸」並不為過。促成這種情形的原因是多方面的：新朝的皇權為建立秩序對經典闡釋的意識形態化引導，和對儒釋道思想的結構化處理、統一的帝國在選拔人才上採取的重形式輕內容的方式、政權執掌者對待外來族群及其文化吸而不納的態度，凡此種種，都從不同層面上限制了思想和文化走向更高層次。

　　貞觀十六年（西元 642 年），「融貫群言，包羅古義」的《五經正義》在唐太宗李世民的授意下撰輯而成。重新認定和梳理經典的行為帶有某種文化上的壟斷意味，正如近人文廷式所言，「故《五經正義》既定，而經學遂荒，一代談經之人，寥寥可數」[05]。以權威形式頒定思想經典並指之為科舉考試的主要內容，使得經典的闡釋與發揮不再有多餘的空間；將其與選拔人才的考試制度連結，借助權力來使個人依附於固有知識不容置疑的權威之上。故而，「明經多抄義條，進士唯誦舊策，皆亡實才，而有司以人數充第」[06]。經典固化為肯誦的文本，學識脫離與現實問題的關聯而走向僵化。開元十年（西元 722 年），唐玄宗李隆基向天下頒布了他的《孝經注》，隨後的開元二十一年（西元 733 年）和二十二年（西元 734 年），又先後頒布了他

05　文廷式：《純常子枝語》，江蘇廣陵古籍刻印社影印雙照樓本，1990 年版，第 213 頁。
06　《通典》卷十五《選舉》三，中華書局 1988 年版，第 354 頁。

注釋的《道德經》和《金剛經》。對儒、道、釋三家經典的御注，是玄宗開放包容的文化政策的展現；而本質上，在佛道二教不斷向社會上層滲透的局面之下，御注三經更是為從人性和道德的角度來確立秩序，各取其所長並兼而用之，也是維護和鞏固政權最好的選擇。就人才選拔的科舉考試而言，「那些考題的範圍與評判的取向，也常常在向士人暗示著一種學術和思想的導向⋯⋯題目引導著應試者挖空心思憑空想像、搜盡枯腸堆砌辭藻，而限定的韻腳，則有意無意的限定著思想與內容的取向⋯⋯」[07] 就如唐玄宗所言，「問禮言詩，惟以篇章為主；浮詞廣說，多以嘲謔為能。遂使講座作俳優之場，學堂成調弄之室」[08]。這種重形式而輕內容、重表面而輕內涵的傾向，葛兆光先生將之名為「知識與思想的裝飾性」，認為其「充滿了華而不實的色彩」。此外，在文化方面，唐代政權執掌者沒有採取任何有作為的措施。當唐朝武功全盛之時，居住於西北的大量游牧民族或被迫歸附或主動請歸，政府將這些歸順的族群遷入中國時都沒有主動以華夏文明教化之，而是任之維持他們的習俗和信仰。這種開明的政策對於文化多樣性的維護也許有功，但若華夏文明此時不是有意識的去深入研究異域文化，並將吸收到的東西納入自身體系，其本身必然也會受到衝擊。

　　蓬勃向上的唐代在創作與實踐方面的成果無疑是卓越的，

07　葛兆光：《中國思想史》第二卷，復旦大學出版社 2001 年版，第 14 頁。
08　〈將行釋奠禮令〉，《全唐文》卷二十，上海古籍出版社 1990 年版，第 97 頁。

這種卓越的創造力不斷被詩歌、傳奇、樂舞、工藝美術等領域所證實。然而，由於其學術與思想上的貧弱，對造物設計具有超越性、探尋性和辯證性的哲學與價值思考極少出現。的確，這時的工藝美學思想「和唐代的哲學的貧弱一樣，雖然技藝實踐成就非常突出，但對於工藝的本質，工藝與社會生活的關係，思想與造物的關係以及文與質等的概念，都缺乏理性的總結」。柳宗元的〈梓人傳〉因為記述了一個「善度材」，「善用眾工」的梓人，被視為唐代重要設計理論文獻之一。雖然文中對梓人的記述在一定程度上肯定了造物設計主體的價值，但究其根本，〈梓人傳〉的故事卻並非僅僅是闡發對設計主體匠心巧思的價值認可，而是藉此啟發和諫言治國理政的道理。梓人「善用眾工」而造物，是用以合理譬喻闡明宰相「擇天下之士，使稱其職」而治理國家的道理；梓人的「其不勝任者，怒而退之，亦莫敢慍焉」與宰相的「能者進而由之，使無所德。不能者退而休之，亦莫敢慍」也有異曲同工之妙。因而，其文旨主要在於闡明治國之理而不是造物之道。正因為哲學思考與價值探尋在工藝造物方面的缺席，這時的「工藝似乎比以往的任何時代都表現出相對的獨立性，除了受到和以往每個朝代一樣的工商關係制約，以及反對奢侈等的因素的影響外，工藝在唐代很少受到觀念的約束，而能在唐人的生活需求下自由發展」[09]。然而，

09　杭間：《中國工藝美學史》，人民美術出版社 2007 年版，第 88 頁。

也不是完全沒有問題產生。在唐代，地處川西平原的成都府人傑地靈，能工巧匠眾多，盧求說成都府「技巧百工之富……揚（州）不足以侔其半」（《全唐文》卷七四四），說明這裡所擁有的能工巧匠大大超過工商業最發達的揚州。武宗〈加尊號後郊天赦文〉載，「如聞兩川稅租，盡納見錢。蓋緣人多技巧，物皆纖麗，凡所織作，不任軍資，所以人轉困窮，俗增侈靡」（《全唐文》卷七十八）。赦文內容說明，兩川匠人技巧高明，因而在織作中追求「纖麗」，造成不良的後果。李德裕在西川為節度使時說，「蜀工所作兵器，徒務華飾不堪用，臣今取工於別道以治之，無不堅利」（《資治通鑑》卷二四四）。他發現蜀地工匠因長於技巧而慣於雕鏤，從事造作時往往竭盡能事的展現手藝。裝飾華美在民用品造作中是極大的優勢，殊不知製造兵器則更重「堅利」而不是「華飾」，於是，李德裕將兵器造作的任務委派了其他地區來完成。此二例所提示的，是造物設計中文質關係在不同情況下的平衡以及其失衡所帶來的社會效應。針對這類現象所呈現的問題，理想的情況是，能就此釐清「用」與「美」的問題，並將造物設計與社會生活關係的討論引向深入。可是，這種可貴的思辨能力和批評精神在唐代卻是不足的，更為深入的探討也就沒有出現。

第二節　設計美學觀的異域化傾向

　　隋唐以前，華夏文明與周邊及西方文明的連結和溝通即已存在。文明交流的通道分為陸路與海路兩種，其中，陸路通道既包括漢代以後開通的以河西走廊為主線，承載著華夏農耕文明的綠洲道路，也包括更早就在北方草原形成的承載著游牧文明的草原道路，前者是我們通常所說的「絲綢之路」，而後者也被稱為「草原絲路」。可以說，至遲在漢代，中國的對外交流已經在草原、綠洲和海洋三條道路上形成和展開。中國的對外交流在隋唐達到鼎盛，這一時期，以長安為中心，北路經蒙古到葉尼塞、鄂畢兩河上游，往西達額爾齊斯河流域以西地區；西路經河西走廊，出敦煌玉門關西行，可通中亞、西亞、南亞並一直通往地中海；西南路經四川到吐蕃，可達尼泊爾、印度，或經南詔、緬甸到印度；往東經河北、遼東可到朝鮮半島。海路交通方面，從登州、楚州、揚州或明州出海，到達日本；從廣州經越南，在馬來半島南端過麻六甲海峽到蘇門答臘，由此分別到爪哇、斯里蘭卡、印度；也可由廣州經東南亞，越印度洋、阿拉伯海至波斯灣沿岸。無論是陸上通道還是海路，大多時候都暢通無阻，商船絡繹不絕，使團相望於道（敦煌壁畫〈盛唐海船圖〉）。對外交流的活躍反映在物質產品領域，一方面是舶來品的劇增，另一方面是本土造物設計的異域化。無論是舶

來品的劇增，還是本土造物設計的異域化，都是華夏文化與周邊文化互識、互鑑的結果，呈現為一種文化的交融。

一、胡風：人、物和觀念 [10]

無論是在民族政策、對外貿易還是文化交流方面，7 至 8 世紀的中國在東方乃至世界範圍內，都以其開放包容的形象而頗具盛名，人員的流動、生活方式和風氣的變化就是這段歷史最直接的呈現。隋朝的民族政策、文化觀念和對外交流活動，就已顯示出開放的態度。隋朝建立之初，定都漢代長安城東南方的龍首原南坡，在此興建都城「大興」。大興城營建的具體規畫、設計者是宇文愷，史稱其「多技藝」、「有巧思」，而宇文愷本身即是一位鮮卑族人。隋文帝在位二十四年，「內修制度外撫戎夷」，西域以及阿拉伯和波斯的商人、日本的遣隋使已經來往頻繁。高昌、高句麗、新羅、百濟與臣服的東突厥等國，其文化與典章制度皆深受隋朝影響。《隋書·西域傳》有記：隋煬帝遣韋節、杜行滿出使「西蕃諸國」，在賓得瑪瑙杯；在王舍城得佛經；在史國得舞女、獅子皮、火鼠毛（又稱火浣布）。《隋書·西域傳》記載了 40 餘種波斯物產，反映了隋代對外商業互動的盛況。

10　關於「胡」的概念範圍，榮新江先生認為：「即廣義的胡人是指西北地方的所有外蕃人，而狹義的胡人主要是指伊朗系統的胡人，具體來說，狹義的胡人主要指的是操伊朗語的波斯胡、粟特胡、西域胡（塔里木盆地綠洲王國之人）。」（榮新江：〈何謂胡人—隋唐時期胡人族屬的自認與他認〉，《乾陵文化研究》（四），三秦出版社 2008 年版，第 3—9 頁。）

　　唐代邊疆穩固、國力強盛，對外開放的局面更加穩定。立朝之初的帝國最高統治者就曾明確表達過開放而包容的外交觀念。武德五年（西元 622 年），唐高祖在給高麗王建武的信中提出了「柔懷萬國」、「申輯睦，敦聘好」的說法。[11] 在華夏為中心的歷史書寫中，表述不同民族關係時，文獻常用「夷夏」、「華夷」等詞。「夷」，《說文》解為：「平也。從大從弓。東方之人也。」後來，「夷」多引申指漢文化區以外的邊疆少數民族，「四夷者，東夷、西戎、南蠻、北狄之總號也」，「夷為四方總號」。「夏」，《說文》釋為「中國之人也」，揚雄在《方言》云：「夏，大也。自關而西秦晉之間，凡物之壯大而愛偉之，謂之夏。」從漢文化角度看，「夷夏」是文化疆域的內外之別，即漢文化區（一般指中原農耕地區）為內；四方（包括夷、狄、蠻、戎等諸多少數民族生活區）為外。但唐太宗表達了這樣的「華夷觀念」：「自古皆貴中華，賤夷、狄，朕獨愛之如一，故其種落皆依朕如父母。」（《資治通鑑》唐紀十四）唐太宗「不隔華夷，愛之如一」的觀念，成為民族政策和意識形態的導向。在唐代，「萬國」與「四海」、「華夷」與「蕃漢」等詞在官方的表述中頻頻出現，傳達出一種開放的大民族觀。唐代綜合國力達到鼎盛的開元、天寶年間，唐玄宗仍恪守開放的方略。開元二年（西元 714 年），即位不久的唐玄宗頒發一道詔

11　陳寅恪：《唐代政治史述論稿》，上海古籍出版社 1997 年版，第 13 頁。

令，云：「我國家統一寰宇，歷年滋多，九夷同文，四隩來暨。夫其襲冠帶，奉正朔，顒顒然向風而慕化，列於天朝，編於屬國者，蓋亦眾矣。」由於積極開放的對外政策，四夷「向風而慕化」，唐代的中國吸引和聚集了大批來自世界各地的不同人種和不同文化的外國人。直到「安史之亂」後，唐中央「夷夏之防」觀念才稍稍得到強化，將長期不受中央管轄的河朔藩鎮作為「夷夏之防」的對象。即使如此，對外開放的政策也並未改變。唐文宗太和八年（西元 834 年）頒布詔令，特別對在嶺南、福建、揚州等地經商的海外「蕃客」施予保護，認為海外商人「本以慕化而來，固在接以恩仁」，所以指令地方長官允許其「來往交流，自為貿易，不得重加率稅」[12]。唐朝對來華外國人給予的政策非常寬鬆，他們不僅可以在中國買田置地、安家娶妻，還可以和本土人士一樣參加科舉考試、做官為將。正因為此，唐代來華和留居的外國人眾多，其中，包括來唐朝賀、奏事和進貢的使臣，包括周邊受保護國家派送入充侍衛的蕃王子弟、酋長，也包括各國的僧侶和其他宗教教徒，還有戰敗國家或其他愛慕唐文化的主動內附的人士，最多的則是來華從事貿易的商胡。據西元 851 年編撰的《中國印度見聞錄》中外國商人蘇萊曼的記敘，唐末在廣州從事貿易活動的外國人，有時竟在 12 萬人以上，他們帶著香料、藥物、木材和各類奇珍異物，換取中

---

12 《全唐文》卷七十五，上海古籍出版社 1990 年版，第 3 頁。

國的絲織品、瓷器等物。由於官方與民間的對外交流都相當活躍，唐朝除了有鴻臚寺接待外來人士，還設立了管理邊境貿易事務的互市監、管理沿海貿易的市舶使等機構和職務。貞觀元年（西元 627 年）八月，唐太宗即位後就下詔開放關禁「使公私往來，道路無壅，彩寶交易，中外匪殊」。貞觀四年（西元 630 年），唐太宗採納魏徵的建議，對西域各國「聽其商賈往來，與邊民交市」。這種對外開放的政策在後來得到延續，許多措施都在或多或少的鼓勵外籍商人在邊境地區進行民間貿易。

中外交流中，朝貢和貿易帶來的奇珍異巧無數，起先為貴族和上層所享用，隨後就在整個社會激起了普遍的興趣。同時，各式各樣的外國居民，使者、僧侶、商人和工匠來到中國，或逗留，或定居，把他們的生活方式也帶到中國。這樣，舶來品就不再只是滿足好奇心的奇珍異巧，而是鑲嵌於生活方式之中的，是社會生活整體風貌的一個面向。關於唐代的外來文明，美國學者薛愛華撰寫的史學著作《撒馬爾罕的金桃：唐代舶來品研究》將唐代的外來物品分為 18 類共 170 餘種，分別從其來源、在唐朝的傳播應用，以及對唐朝社會的影響等角度，進行了深入仔細的研究。全書涉及的唐朝的外來物品近 200 種，內容非常廣博。外來物品影響到衣食住行的各個方面，波斯的金屬工藝與紡織圖案、東突厥和東伊朗人的服飾、回鶻婦女的髮式……中唐時期，男性喜戴豹皮帽，婦女穿伊朗風格的

窄袖緊身服，並配以百褶裙和繞頸長披巾。元稹有詩描寫：「自從胡騎起煙塵，毛毳腥羶滿咸洛。女為胡婦學胡粧，伎進胡音務胡樂。」劉肅《大唐新語·從善》中記載：「貞觀中，金城坊有人家為胡所劫者，久捕賊不獲。時楊纂為雍州長史，判勘京城坊市諸胡，盡禁推問。司法參軍尹伊異判之曰：『賊出萬端，詐偽非一，亦有胡著漢帽，漢著胡帽，亦須漢裡兼求，不得胡中直覓。請追禁西市胡，餘請不問。』」說明貞觀年間長安城中百姓慣戴胡帽，僅憑戴帽已無法確定是漢是胡。正如薛愛華教授寫道：「唐朝人追求外來物品的風氣滲透到了唐朝社會的各個階層和日常生活的各個方面：在各式各樣的家庭用具上，都出現了伊朗、印度以及突厥人的畫像和裝飾樣式。雖然說只是在 8 世紀時才是胡服、胡食和胡樂特別流行的時期，但實際上整個唐代都沒有從崇尚外來物品的社會風氣中跳脫出來。」[13] 向達先生在其《唐代長安與西域文明》一書中，對唐代長安、洛陽包括服飾、飲食、宮室、樂舞、繪畫、宗教、遊樂等諸多方面在內的異域化現象，做了詳盡的考察。另外，從唐代的各類文學作品的描述中，也可以窺見許多域外物質文明的蹤跡：琵琶與箜篌、胡姬與胡笳、生犀與翡翠、珍珠與瑪瑙……由這些帶著陌生感與新鮮感的物與人交織成的場景，不經意間構成了對人們具有強大吸引力的域外意象。

13　［美］薛愛華：《撒馬爾罕的金桃：唐代舶來品研究》，社會科學文獻出版社 2016年版，第 93 頁。

因為朝廷政策的積極開放和包容鼓勵，在 7 至 8 世紀的唐代社會生活中的胡風，還在社會上層表現出來。唐太宗的兒子承乾太子在生活起居等各個方面都刻意模仿突厥人，寧願說突厥語而不說漢語，並且在皇宮的空地上搭造了突厥帳篷，穿上突厥可汗的裝束。《舊唐書・輿服志》載：「開元來……太常樂尚胡曲，貴人御饌，盡供胡食，士女皆竟衣胡服。」大曆八年（西元 773 年）任嶺南節度使的路嗣恭（約西元 710 至 780 年），平定哥舒晃叛亂後，向唐代宗進獻過一個直徑九寸的外國玻璃盤，代宗以為是天下至寶。後宰相元載因貪汙獲罪，代宗派人查抄元載的家時，不想竟搜出路嗣恭賄賂元載的外國玻璃盤，直徑達一尺，使代宗耿耿於懷。路嗣恭在廣州得到的玻璃盤，應該是透過海上貿易從西亞進口的伊斯蘭玻璃。在朝會及其他正式場合，靴取代履是又一明證。《陔余叢考・卷三十一・著靴》曰：「朝會著靴，蓋起於唐中葉以後。」隨著胡風的浸淫，百官上朝及正式會見都必以靴為首選的足服，靴逐漸成為朝服，而履反為褻服。

在積極鼓勵的對外交流政策之下，人員的流動、生活方式和風氣的變化帶來物質文化面貌的更新是全面而深刻的。胡風之盛行的現象背後，是這個時代開放、包容和多元化的設計審美觀的流露。劉禹錫〈何卜賦〉中有云：「在此為美兮，在彼為蚩。」因地域、種族、時代之背景乃至個體認知而產生的「美」與「蚩」固然有不同標準，而不同的標準在同一時空下能夠共生

共存、交相融合，則是這個時代的特點。劉禹錫這段話可以視作理解「胡風」的認識基礎和前提，也恰如其分的表達了 7 至 8 世紀設計審美觀念的走向。

二、造物設計中的異域文化展現

中外交流對 7 至 8 世紀中國物質文化形態的影響是深刻的，它既展現為一種生活方式上的整體滲透，也在造物設計的題材內容、材料工藝和形制風格等各個方面，具體的發生著作用。文化觀念和生活方式的「異域化」是設計美學觀「異域化」的前提。設計美學觀的「異域化」不僅展現在生活方式和風氣的變化，而且具體為造物設計的題材內容、材料工藝和形制風格等方面的變化。

首先，以異域物種作為裝飾設計表現的題材。唐代的舶來品無疑是豐富的，「北方的馬、皮革製品、裘皮、武器；南方的象牙、珍貴木材、藥材和香料；西方的紡織品、寶石、工業用的礦石以及舞女等 —— 都是唐朝人 —— 特別是 8 世紀時的唐朝人非常渴望得到的物品」[14]。各種奇珍異獸和海花蠻草漸次出現在裝飾設計之中，增添著物品的魅力。獅子古稱狻猊，其傳入最早可以追溯到漢代；在唐代，吐火羅國曾經三次向唐貢獻這種勇猛威嚴、英姿煥發的動物。由於喜愛和崇拜，唐代獅子

14　［美］薛愛華：《撒馬爾罕的金桃：唐代舶來品研究》，社會科學文獻出版社 2016 年版，第 29 頁。

形象的造像、石刻和壁畫驟然增多，其造型和裝飾手法趨於成熟甚至程序化，以致有「唐獅」之稱。金銀、石、玉、陶瓦等各類器物和紡織品上也大量出現了獅子的形象。1955 年西安市東郊王家墳 90 號唐墓出土唐三彩獅子，蹲坐墩臺上，前肢力挺，右後肢前伸抬起，曲頸低頭梳理，造型優美自然；1989 年新疆奢縣老城村出土的「獅紋銀盤」，銀盤中央為一頭行走姿態的獅子，周圍繞以花草。此外，在西安、洛陽等地的隋唐遺址上還發現過許多有獅子紋飾的瓦當。除了獅子，大象、犀牛、葡萄等主題的紋樣也開始變得多見，而一些充滿了異域生活氣息的場景，如胡人牽駝、波羅毬戲等更增添了器物裝飾的生動性。

其次，採用異域物種作為造物設計的材料。各種珍貴的物料在流通到中國後，也迅速被聰明的工匠選中，以資造作。例如原產於非洲、印度和馬來半島等地的紫檀木，因其緻密精美之特性，在唐代被製作成絃樂器和一些小型器物。日本正倉院收藏有一批裝飾精美的唐代紫檀木樂器，包括琵琶和阮咸；還有用於佛事活動的紫檀木盒、鑲嵌象牙的紫檀棋盤，以及用黃金、水晶、玻璃鑲嵌圖案的紫檀香爐。紫檀因其產量小而尤其珍貴，較少有大件製品，而色澤淡雅、花紋斑駁的櫚木，則被製作家具的工匠所喜愛。這些產於亞洲、非洲和美洲熱帶地區的櫚木，往往由船運到廣州再轉運到各地，被用來製作大件家具。時人陳藏器記道，櫚木「出安南及南海，用作床几，似『紫

檀』而色赤，性堅好」[15]。除了木材，還有金屬、紡織品和各類動物皮毛，更有犀角、象牙、珍珠、硨磲和玳瑁等珍稀物料也常常被選用，如產自伊朗的毛氈被製作成坐席、鞍褥、靴子和帽子；產自安南或印度的珍奇鳥羽被製成裙子、羽扇和飾品[16]；犀角、象牙和各類珠貝，或雕刻成器，或用於鑲嵌裝飾。據《南漢書》記載，五代十國南漢政權位於廣州的宮殿，「以金為仰陽，銀為地面，樑、栱皆飾以銀；下設水渠，浸以真珠；琢水晶、琥珀為日月，分列東西樓上」。這些精美的建築材料中，舶來品為數應該不少。

再次，學習和接受來自異域的手工工藝。手工藝技術最直接的傳播途徑是工匠流動帶來的交流和傳習，7 至 8 世紀的中國幾大主要城市都寓居著大量的外國人，尤其是「大批流寓而來的波斯人和粟特人，帶來了自己的文化、習俗和生活方式，那些流亡的王室貴族還帶來許多手工藝匠人。這些人在長安生產和製造波斯風格的美術工藝品，使其廣泛流行」[17]。絲織品斜紋緯錦的出現，就直接來自波斯工匠在毛織品中所採用的斜紋緯線顯花的技術。新疆阿斯塔那隋墓出土的織錦最早出現波斯錦的織法，這種織法與漢錦的底地平織、經線起花結構不同，是採

15　［美］薛愛華：《撒馬爾罕的金桃：唐代舶來品研究》，社會科學文獻出版社 2016 年版，第 345 頁。

16　8 世紀唐中宗女安樂公主有「百鳥羽毛裙」，「合百鳥毛，正看為一色，旁看為一色，日中為一色，影中為一色，百鳥之狀並見裙中」。（《舊唐書·五行志》）

17　王鉞、李蘭軍、張穩剛：《亞歐大陸交流史》，蘭州大學出版社 2000 年版，第 141 頁。

用斜紋的重組織、緯線起花，還出現人字紋織物和暈提花錦。新疆阿斯塔那 48 號墓出土的「貴」字孔雀紋錦，92 號墓出土的聯珠對鴨紋錦都是斜紋緯錦。保存狀況最好的是現藏於美國克里夫蘭藝術博物館的一套 8 世紀的上衣和褲子，上衣外部布料即是聯珠對鴨紋錦，內部襯裡也是斜紋錦緞。此外，金銀器的捶揲工藝也來自薩珊波斯。捶揲工藝在拜占庭、波斯以及中亞都久有傳統，即在器物表面用事先預製好的模具沖壓出凸起的花紋圖案，凸紋圖案立體感強，裝飾效果特別。不同於中國傳統的金屬加工的鑄造工藝，捶揲工藝特別適合具有較好延展性的金銀材料，更能表現金銀製品的美感特質。西安何家村出土的舞馬銜杯紋皮囊式銀壺、鎏金龜紋桃形銀盤和鎏金雙狐雙桃形銀盤都用了捶揲技藝。

最後，異域器物形制裝飾的傳播和模仿。器物形制和裝飾承載著生活方式和審美心理，具有民族地域的明顯差異。這種差異也正是新奇感產生的源頭，是傳播和模仿的動力。西安何家村發現的獸首瑪瑙杯，造型為古代西亞與歐洲流行的角杯 —— 來通（rhyton），是宴飲中常用的酒具，在中亞等地的壁畫中也有出現。這件角杯是舶來品還是本土工匠製作，尚不能完全確定，但這種器形在唐代的傳播卻是確鑿的。另如八稜杯，也是典型的薩珊波斯金屬器物造型。在西安何家村出土有三件八稜金把杯，柄呈圓圈形，足部邊緣有聯珠，各稜面分隔

處也有一列豎直的聯珠，器身的八個稜面浮雕著中國樂工或舞伎，外來器形輔以中國題材的裝飾，提示著這已經是本土工匠的作品。對異域器物造型的模仿還存在跨品類的現象，比如金屬器物和皮革製品的器形就曾被挪用到陶瓷器的造型中。北京故宮博物院藏青釉鳳首龍柄壺，壺身塑成鳳頭，腹部塑貼主體紋飾兩層，上為 6 個聯珠紋圓形開光，圈內有胡人舞蹈紋，下為 6 朵寶相花，吸收了薩珊金銀器的造型和裝飾手法；1996 年河北省故城縣出土的白瓷皮囊壺，腹身整體飾凸起的仿皮囊縫合線，前後腹部飾鞍形圖案，左右兩側貼塑有花朵紋，是模仿胡人皮革製品而製作的瓷器。此外，裝飾紋樣中的聯珠紋、翼馬紋、立鳥紋、摩羯紋以及徽章式紋樣，也都在器物、磚瓦和紡織品上反覆出現。

三、對異域化的反撥

　　也許因為李氏本身就具有鮮卑血統，又或者其在隋末統合南北中獲得了更為開放通融的視野，從唐高祖的「柔懷萬國」到唐太宗的「王化無外」、「華夷一家」，都是在表達將族群疆界和華夷身分淡化的意願。但「安史之亂」顛覆了這種「不隔華夷」的民族政策和文化認同。天寶十四年（西元 755 年）十一月，三鎮節度使安祿山聯合史思明在范陽（今北京）以誅殺楊國忠為名發動叛亂，史稱「安史之亂」。「安史之亂」的發生，在對唐朝國力帶來沉重打擊的同時，也帶來了唐代社會整體心態

的變化和對胡人態度的轉變。起兵作亂的朝廷重臣安祿山出身雜胡，他以胡將 32 人代替漢將，招募和培養日後成為叛亂主體力量的少數民族將士。當關外胡兵橫行、關內番將擁兵自重，而玄宗李隆基卻無可調遣之將時，徹底暴露出中唐時期族群格局與勢力變化對政權的強大威脅。儘管經過近八年的抵禦，叛亂最終平定，但是，「安祿山的叛變，近於全朝代時間上的中點，可以視作由盛而衰的分水嶺。這樣一來，前面一段有了 137 年的偉大與繁榮，而接著則有了 151 年的破壞和混亂」[18]。也即是說，叛亂之後，大唐帝國「昔日開天萬里疆」的榮光已不復存在，四圍面臨來自突厥、吐蕃、回鶻、契丹、奚、室韋等民族或部族的勢力，「而今邊防在鳳翔」的描述，更能反映唐朝力量僅足以支撐其回退與防守的現實境況。更關鍵的是，事件所累積的對外族人的隔離感和不信任感卻越來越明顯，唐人對外族人的態度發生了逆轉，這也引發了對長期以來「不隔華夷」的民族政策和文化態度的反思。[19]

　　反思的結果，一方面是對以往視為平常的日常生活中的異域風氣表現出憂慮、表現出抵禦；另一方面，則是對以往忽視

18　黃仁宇：《中國大歷史》，生活·讀書·新知三聯書店 2002 年版，第 110 頁。

19　榮新江曾經仔細對比過「安史之亂」（西元 755 至 763 年）前後粟特人墓誌，發現一個明顯的變化是，叛亂發生後粟特人開始諱言出身。在「安史之亂」前，粟特人在墓誌上會直接說是西域某國人。但由於安祿山、史思明等叛亂首領出身粟特，所以「安史之亂」後，生活在中原的大多數粟特人開始在墓誌中力圖改變自己的出身和郡望。

的華夏正統的回溯。出生於「安史之亂」之後的皇甫湜，是中唐儒家學者的代表。他在〈東晉元魏正閏論〉中，以「正統論」為核心討論了「何為中國」、「南北之變」和「大一統」等命題，皇甫湜講論的正是那個時代文化身分重認的認識基礎，側面反映出中唐社會亟待重歸「正統」的一種集體焦慮和期待。與此同時，更多的人士不再以包容之心看待和書寫物質生活中的胡風。唐人姚汝能著《安祿山事跡》卷下稱：「天寶初，貴遊士庶好衣胡服，為豹皮帽，婦人則簪步搖，衩衣之制度，衿袖窄小。識者竊怪之，知其（戎）兆矣。」[20] 藉記敘之筆法，把長安盛行穿胡服的風氣看作是「安史之亂」的徵兆，雖然是顯而易見的附會，卻顯示唐人對物質生活現象之心態及評論的轉變態度。華夏民族視服飾為禮儀之大要、身分之表徵，服飾最能於日常中彰顯差異。「安史之亂」後，服飾也的確出現了回溯華夏傳統的趨向，「從玄宗至穆宗時約百年，婦人之妝飾已屢生變化，其趨勢之一為服飾變窄衣短袖為寬衣長袖。在以短窄束身為胡人之服的時代共識之下，服飾變為寬長，已可見出『安史之亂』後，李唐欲恢復舊風、抵禦胡化之努力」[21]。至晚唐，文宗因崇尚節儉，曾對「長裙大袂」予以限制，然而，在文化心態

20　［唐］姚汝能著，曾貽芬校點：《安祿山事跡》，上海古籍出版社 1983 年版，第 38 頁。榮新江：〈安史之亂後粟特胡人的動向〉，《暨南史學》第 2 輯，暨南大學出版社 2003 年版，第 102—123 頁。

21　劉順：〈重建區隔與自我認同：中唐時期的「華夷」書寫與思考〉，《中南民族大學學報（人文社會科學版）》2014 年第 1 期，第 160—163 頁。

和審美觀念的作用下，晚唐移風易俗的目的不僅沒有達成，服飾反而較之前更為寬博。[22] 尚剛曾就唐前期和唐後期的器物造型做過一些對比，來證明中唐以後造物設計由異域風格向華夏傳統靠近的趨勢。他認為，唐前期的器物造型常常頗挺拔，8 世紀中期以後，則轉向圓柔。舉例如高足杯，「前期，足呈柱狀，較細長，每每下設承座、中有『算盤珠』式節、上頂托盤，令杯體以下部分常有明顯的曲折，後期，足作倒置的喇叭形，較粗碩，無座、無節、無托盤，線形流暢……前期顯得奇兀高峻，後期顯得圓潤敦厚」。又對比了「胡瓶」和「注子」兩種功能相同的器物，「唐前期，胡瓶流行，後期，注子常見，它們功能相同，都用來存貯和傾倒液體，除去圈足的高低有無之外，胡瓶頸長，注子頸短，假如容積彷彿，胡瓶必定高挺，注子必定豐滿」。他還發現，有些器物在唐代後期逐漸消失，譬如高足盤。在唐前期高足盤很流行，包括有銀盤、陶瓷盤等，而後期卻越來越少，以至於無。其結論是，「從造型的傳統看，西方偏於頎長勁挺，中國偏於圓潤渾厚，唐代前後期的差異竟與此相近，這又是唐代工藝美術前期受西方影響較深，後期華夏之風更濃的證明」[23]。除造型之外，器物其他形式因素所展現出的整體藝術風格也從華章麗彩轉向含蓄淡雅。如唐後期至五代，以

22　孫機：〈唐代婦女的服裝與化妝〉，《中國古輿服論叢》，文物出版社 2001 年版，第 182—183 頁。

23　尚剛：《隋唐五代工藝美術史》，人民美術出版社 2005 年版，第 239 頁。

上林湖地區為中心的越窯青瓷走入興盛，其器物的釉色與表面肌理，將華夏傳統中溫柔敦厚和含蓄內斂的審美取向演繹得淋漓盡致。引人聯想的「千峰翠色」、「涼露浸衣」之青綠，成為青瓷的定色標準。[24]

第三節　設計美學觀的文學化傾向

受到科舉制度中人才選拔方式和考試內容的影響，隋唐五代，社會對文學的價值，尤其是詩歌創作的認同與推崇，達到前所未有的高度。聞一多曾說：「唐人作詩之普遍可說是空前絕後，凡生活中用到文字的地方，他們一律用詩的形式來寫，達到任何事物無不可以入詩的程度。」[25]臺灣學者龔鵬程曾深入分析了唐代朝野對於文學及文人的追崇，並將唐代社會稱之為「文學化社會」。在這樣的社會氛圍之下，詩文創作及其價值無處不在展現著，包括器物及裝飾設計的題材內容。

24　唐末越窯迎來高峰時期，此期創燒的祕色瓷代表薄釉青瓷的最高水準，是製瓷技術上的重大突破，同時也成為唐以後歷代最高等級青瓷的代名詞。「2016 年度中國十大考古新發現」之一的後司嶴窯址，揭祕了祕色瓷的許多問題。後司嶴窯址始於唐代晚期，止於五代，基本與唐五代時期祕色瓷延續的年代相始終，很可能是唐代貢窯。從裝燒工藝上看，祕色瓷的出現與瓷質匣缽的使用密切相關。瓷質匣缽的胎與瓷器基本一致，極細膩堅緻，匣缽之間使用釉封口，以便在燒成冷卻過程中形成強還原氣氛。據推測，瓷質匣缽及由此帶來的祕色瓷生產，是以後司嶴為代表的上林湖地區窯場的重大發明。

25　聞一多：《聞一多論古典文學》，重慶出版社 1984 年版，第 96 頁。

一、與進士科舉互相推動的文學崇拜

　　科舉制度這種用考試的方式選拔人才的制度建立於隋文帝時期，唐代逐步完善。隋文帝開皇十八年（西元 598 年），「詔京官五品以上及總管、刺史，並以志行修謹、清平幹濟二科舉人」[26]。為鞏固新朝政權應時而生的科舉制度，不僅削弱了漢代以來薦舉制度的力量，也打破了魏晉以來由豪門世族所壟斷的社會階層上升通道，讓普通人有機會透過掌握知識而走入新的階層。科舉制度在唐代正式確立，貢舉和制舉是唐代科舉的考試形式。每年分期舉行的為貢舉，也稱常科；由皇帝下詔臨時舉行的考試為制舉，也稱制科。其中貢舉以其長期和固定的特點，成為科舉制度中最重要的部分。貢舉常設科目有明經、明法、明書、明算、秀才、進士、俊士等科。在唐代科舉眾多考試科目中，進士和明經兩科最受重視，兩科錄取的名額都很少，而尤以進士科最為嚴格，「其進士，大抵千人得第者百一二；明經倍之，得第者十一二」[27]。

　　相較於明經科，考試內容以文學為主的進士科更受追崇。「明經」與「進士」二科兩相比較，明經科重經義，進士科重文學。早在漢代察舉中就透過「明經」科的考試來要求被舉者通曉

26　［宋］王欽若：《冊府元龜》卷六三九《貢舉部》總序條制，中華書局 2010 年版。

27　韋慶遠、柏樺：《中國政治制度史》，中國人民大學出版社 2008 年版，第 499 頁。

經學。唐代的「明經」科試帖經，內容包括諸種儒家經典：《禮記》、《春秋左傳》稱大經，《毛詩》、《周禮》、《儀禮》稱中經，《周易》、《尚書》、《春秋公羊傳》、《春秋穀梁傳》稱小經。另外，《孝經》、《論語》是必考課目，有時還加試《老子》、《爾雅》。考試之法，貼文後有口試，經問大義十條，答時務策三道。但明經科的考試基本上都有賴於記誦，岑仲勉說：「明經多帖兩經，似乎較難，然《孝經》、《論語》文字無多，不難兼習。……進士詩、賦限韻，要須自出心裁，比口試專憑默記者，難易有差。」[28] 他認為靠默記的明經不如憑新創的進士更需要才華和智慧。據晚唐康駢《劇談錄》卷下「元相國謁李賀」條載，元和中，以明二經及第的元稹去拜訪李賀，遭到了拒絕，李賀令僕人對他說「明經擢第，何事來看李賀」，使得蒙受羞辱的元稹只能「慚憤而退」，足以看出社會上輕視明經的氛圍。開成四年（西元 839 年）正月，唐文宗甚至嘲笑「只會經疏」的明經，「何異鸚鵡能言」？錢穆先生也認為：「對策多可鈔襲，帖經惟資記誦，別高下、定優劣，以詩賦文律為最宜。故聰明才思，亦奔湊於此也。」[29]

　　進士科備受尊崇的原因在於其證明了個人的文學才華和智慧。唐代的進士科，早期「止試策」，貞觀八年（西元 634 年）

28　岑仲勉：《隋唐史》，中華書局 1980 年版，第 192 頁。

29　錢穆：《國史大綱》，商務印書館 1996 年版，第 430 頁。

加試「讀經、史一部」。永隆二年（西元 681 年），改試「雜
文」（即箴、頌、詩、賦等文體）和時務策。箴、頌、詩、賦
等文體以及策論，題目靈活，考查範圍廣泛，並且可以避免應
試者套用模仿，更能檢驗其臨場發揮的能力，更易分辨出才情
和學識的高下。之後，進士科考試更是逐漸改為專試詩賦。宋
人嚴羽《滄浪詩話・詩評》中說，「或問：『唐詩何以勝我朝？』
唐以詩取士，故多專門之學，我朝之詩所以不及也」[30]。宋人
「以詩取士」之說，顯示唐代重視詩賦的程度不斷提升。開元
年間進士科所試雜文題目，以賦為題的次數最多。開元二十四
年（西元 736 年），唐玄宗科舉改革之後，詩賦成為進士科必考
之內容。李樹桐指出：「詩賦必限律格，又講音韻，較之一般
雜文為難，要想做得好，必須具有智慧，以此區別高下，比較
容易得到效果。其次賦雖長而詩短，閱卷的人，也容易一目瞭
然，這都是高宗及玄宗時代要考詩賦的理由。」[31] 然而，當時及
後世也不乏對「詩賦取士」質疑之聲，認為其弊在因制度導致的
詩賦之盛行，引導了士人專注於聲律工拙、辭藻華麗等外在形
式，而忽略了德行器識、吏干政事的修養與提升，進而認為這
是導致唐代思想平庸、智識貧困的重要因素之一。[32] 而事實上，

30　郭紹虞：《滄浪詩話校釋》，人民文學出版社 1983 年版，第 147 頁。

31　李樹桐：《唐史新論》，中華書局 1972 年版，第 51 頁。

32　聞一多指出：「唐人把整個精力消耗在作詩上面，影響後代知識分子除了寫詩百無
　　一能，他們自然要負一定的責任。不過他們當時那樣做，也是社會背景造成的，因
　　為詩的教育被政府大力提倡，知識分子想要由進士及第登上仕途，必要的起碼條件

第四章　隋唐五代時期的設計美學

這並不足以影響文學在全社會的地位，也不能完全推翻「詩賦取士」，只能引導考題內容稍作調整。因此，唐代及以後在科舉考試中，實際上是逐漸以一種「經義之詩賦」[33] 來運作，即內容是政論時策，形式是文學體裁，糅合而成一種既能考查策論能力，又在不同程度上施展考生文采的綜合性文卷。

　　進士科考試逐漸以詩賦為先，社會又以進士登科為榮耀，在這樣的氛圍下，崇拜文學名流、熱衷詩賦創作成為一種風氣。《唐摭言》卷七載元和十一年（西元 816 年）世詠該年登第者云：「元和天子丙申年，三十三人同得仙。袍似爛銀文似錦，相將白日上青天。」以升仙來極言其高貴，可見當世之社會心理。《唐摭言》又有「進士科始於隋大業中，盛於貞觀、永徽之際；縉紳雖位極人臣，不由進士者，終不為美」。貞觀年間，甚至高官厚祿者若不是進士及第，都會認為人生不盡完美。《全唐詩·太宗皇帝》開篇有言：「詩筆草隸，卓越前古。至於天文秀發，沉麗高朗，有唐三百年風雅之盛，帝實有以啟之焉。」即是說唐太宗對詩賦之風的啟導作用。李唐王朝的二十三位皇帝中有詩歌作品留存的就有十二位：高祖李淵、太宗李世民、高宗李治、中宗李顯（哲）、睿宗李旦、玄宗李隆基、肅宗李

是能作詩，作詩幾乎成了唯一的生活出路，你怎能責怪他們那樣拚命寫詩呢？可是，國家的政治卻因此倒了大楣！」（鄭臨川：《聞一多論古典文學》，重慶出版社 1984 年版，第 83 頁。）

33　何懷宏：《選舉社會及其終結——秦漢至晚清歷史的一種社會學闡釋》，三聯書店 1998 年版，第 176 頁。

亨、德宗李適、文宗李昂、宣宗李忱、懿宗李漼、昭宗李曄。
其中，以太宗李世民和玄宗李隆基的作品最多，在《全唐詩》中
分別占了一卷的篇幅。《唐語林·卷四·企羨類》載：「宣宗即
位，愛羨進士，每對朝臣問登第與否。有以科名對，必有喜。
便問所賦詩賦題，並主司姓名。或有人物優而不中第者，必嘆
息久之。嘗於禁中題：『鄉貢進士李道龍。』」宣宗貴為天子卻
也企羨進士，甚至禁不住化身鄉貢進士體驗作為文人的角色。
整個社會對文學的仰望使得皇帝也萌動了歆羨之情，這看上去
顯得有些荒唐，但卻足以顯示唐代朝野上下對待文學的態度都
是高度的尊崇。唐代帝王經常舉辦賽詩活動，促進吟詩作賦的
風氣。《唐詩紀事》有載：「中宗正月晦月幸昆明池賦詩，群臣
應制百餘篇。」而就士大夫個人來講，他們創作詩歌的熱情也非
比尋常。中唐詩人賈島《戲贈友人》有句曰：「一日不作詩，心
源如廢井。」李白一生作詩千餘首已是驚人，卻並不是唐代最高
產的詩人。被稱為「詩魔」的白居易，以一生作詩近三千首而
冠壓群雄。這種風氣自上而下的影響了整個社會，商賈農夫、
僧尼道士、閨閣倡優乃至綠林豪傑，都有在詩壇留下作品和故
事的。白居易〈與元九書〉中就記載了一位歌妓如此自得自誇：
「我誦得白學士〈長恨歌〉，豈同他哉？」詩名，或曰「以詩為
內容的文學修養」是其自高身價的資本。《唐詩紀事》卷四十六
記載了一則頗為有趣的故事，是說詩人李涉夜過九江，遭逢強

盜，但當強盜得知他就是鼎鼎大名的詩人之後，不僅放走了
他，還贈予他一些財物；而強盜唯一索要的只是詩人為其留下
一首詩歌，這首流傳下來的七言絕句為，「春雨瀟瀟江上村，綠
林豪客夜知聞。他時不用相迴避，世上如今半是君」。這則頗
具傳奇色彩的逸事，將唐代社會崇詩尚文的風尚展現得非常有
故事性。到了宋代，進士科舉不再將詩歌作為考試的內容，代
之以經義、策問與文賦等。歐陽修的《六一詩話》寫道：「自科
場用賦取人，進士不復留意於詩，故絕無可稱者。」崇詩的社會
風尚始漸漸淡化。

二、文學崇拜的內在邏輯

　　唐代「詩賦取士」的科舉運作，可以理解為「國家以文德應
天，以文教牧人，以文行選賢，以文學取士」[34]，是社會對文學
價值認同的表現。而具體到文學與文士，清人王芑孫認為，作
律能「約束其心思，而堅整其筆力。聲律對偶之間，既規重而矩
迭，亦繩直而衡平」[35]。說明重格律、限韻腳的詩賦考題，最能
反映出一個人的才情和應變能力，是極好的試金石。從今天的
角度來看，詩賦創作的訓練把對漢語語言的探索和開發引向了
深入，這種語詞的遊藝，展現和提升了漢語的美感。我們今天

34　朱金城：《白居易集箋校》，上海古籍出版社 1988 年版，第 3547 頁。
35　〔清〕王芑孫：〈讀賦卮言〉，載《中國歷代賦學曲學論著選》，百花洲文藝出版
　　社 2002 年版，第 378 頁。

說到的「文本價值」則與對語言的運用和開發不無關係，因而「文采」本身不僅與意義的呈現並不矛盾，且能助益於思想與觀念的傳達。唐代對文學價值的認同，也許不是建立在如上述的自覺意識之上的，但也一定是有從文學本身的價值來考慮的。

　　無論如何，唐代全社會對於文學的尊崇與欣賞前所未見。與此相比，無論是春秋戰國，還是秦漢魏晉，其文之大宗，莫不是道德講論或政事擢議的記載。為大多數學者認同的是，文史哲不分、詩舞樂合一是魏晉以前的時代特徵。漢代大賦的作者多是帝王的文學侍從，漢大賦因以華麗的辭藻和誇張的修辭，增添了帝王功業和都城生活的榮耀，而被統治者所欣賞與供養。至漢末魏晉，出現了講究對仗工整和聲律鏗鏘的駢文和小賦，由於其逐漸開啟了文學中對於音韻和聲律的欣賞，被魯迅、鈴木虎雄等認為是「文的自覺」的肇始。但魏晉駢文和小賦仍舊是名公貴冑間的遊賞之資、應酬之媚，不至於在全社會引發效應。反觀唐代全社會對文學欣賞與崇拜的主因，卻是完全不依附於文學的政教功能的，也是不受惠於文士門第身分的，因而可以說是文學本身的價值和美感在發揮作用。有學者說，唐代的詩賦中有一種「風情」，人們對風情之興趣往往大於義理，故唐代元稹、白居易之知名度大於僧一行。[36] 正如時人皇甫湜所說：「文於一氣間，為物莫與大」（〈題浯溪石〉）。所

36　李浩：〈唐代「詩賦取士」說平議〉，《文史哲》2003 年第 3 期。

以，「進士之貴，非以其能獲得官爵，而是因為他們用自己的本事，證明了他們是文人」。龔鵬程認為，「進士得第是尊貴的，但一人若文章佳美，已獲得公眾之認可，考試縱使未考上，也不妨礙他的榮耀」[37]。事實上，這也正好可以解釋為何李白、杜甫二人都與科舉（進士及第）無緣，卻仍然享受了無比榮耀。李白因身世被拒科場之外，杜甫屢考不中，但這並不妨礙二人成為最能代表那個時代的詩人。而當一名文士榮登進士，其享受的榮光也更多的來自社會。放榜之後的遊宴極盡排場和侈靡之能事，各種慶功與嘉賞的宴會名目繁多，其華服、美宴、遊行和歌舞轟動全城，張籍詩云：「無人不惜花園宿，到處皆攜酒器行。」最宏大的當屬曲江之宴，其「行市羅列，長安幾於半空」，「車馬闐塞，莫可殫述」（《唐摭言・卷三・散序條》）。這種出現在公共視野中的崇拜和狂歡，進而推動了更廣泛層面的社會階層和人群對文人的仰慕，使得尊崇文學的社會心理潛移默化的根植得更為深入。至此，似乎可以說，唐代的文學既不依附於文學的政教功能，也不受惠於文士的門第身分，甚至也不是因為受進士科舉的嘉賞而受寵，只是因為文學本身的價值和美感，使其集全社會的崇拜於一身。

　　因而，唐代的文學崇拜表現出自信而一往無前的特點。隋唐統一後，中國社會走入上升期，不僅國家實力不斷增強，而

37　龔鵬程：《唐代思潮》，商務印書館 2007 年版，第 224 頁。

且社會心態上也呈現積極進取、獨立自信的面貌。律詩、律賦精巧完美的聲韻契合了唐人重視個人才氣，追求意氣風發、神采飛揚的審美心理。[38] 相較於咀嚼古代經典和朝拜聖賢先哲，投身於當下生活和追捧當代名流更具有吸引力。《舊唐書·楊綰傳》記載其「幼而就學，皆誦當代之詩；長而博文，不越諸家之集。」蒙學階段就誦讀當時人的詩作，已經顯示了人們對包括詩賦在內的當代文化的高度認同。劉禹錫〈楊柳枝詞〉九首之中那句「請君莫奏前朝曲，聽唱新翻楊柳枝」，應是寓意頗深的。

三、文學崇拜對設計的影響和滲透：題壁文學、 文字瓷及其他

唐代整個社會的文學化，使得詩賦不僅成為進士登科的條件，也成為這個社會裡面的每個人所追求的人文素養。從這個角度看唐代的文學崇拜，其積極之處在於極大的繁榮了唐代以詩歌為代表的文學創作，提高了社會的文明程度。縱觀《全唐詩》裡 42,800 餘首詩，足以窺見作為文學價值集中呈現的格律詩，是如何滲透入從帝王將相、文人士子到閨閣怨女、販夫走卒的生活的各個層面。臺灣學者龔鵬程說，「科舉掄才，本為甄拔技術官僚而設，乃竟演變成為文學上的競技，顯示文學的價值已成了社會主要的追求」，並將此種社會稱為「文學化社

---

38 胡燕：〈盛唐律賦與進士科考試〉，《南都學刊（人文社會科學學報）》2009 年 3 月，第 29 卷第 2 期，第 56 頁。

會」。關於「文學化社會」，他解釋道：「文學作為一種價值，已成為社會共同的意志。對於文學的崇拜，使這個社會成為一種文學的精神共同體。」人們活在一個文學化的社會：無所不在的文人作的楹聯、每個人用的文人趣味的印章、姓名之外取的文人式的字型大小、口中隨時會講到的由詩文中摘錄出來的格言、居家牆壁上掛的文人字畫、學習文人生活的文化生活方式等，使每個人都屬於文學的享用者與共同秩序創造者。[39] 的確，文學在唐代不僅存留為文獻典籍，而是隨著文學崇拜的趨勢向全社會蔓延，留下了許多物質性的明證，即文學性的裝飾以律詩和律賦為最顯著的形式，直接影響和滲透在包括空間環境設計和器物裝飾的多個領域。

（一）題壁文學

　　題壁文學是文人將自己或他人的作品題寫或鐫刻於各種屏壁上的文學形式，包括公共或私家場所，如官廳堂舍、驛站旅舍、樓臺亭閣、僧寺道觀、名山勝景等地方的牆壁、柱壁、石壁、屏風、竹木等。由於題壁文學的展示性很強，所以，其在傳播詩文的同時，也產生了裝飾環境空間的作用。題壁文學根據其文體可分為廳壁記和題壁詩，前者為記體文，後者是格律詩。

　　廳壁記。廳壁記是刻寫在官府廳壁上的一種記體散文，在

39　龔鵬程：〈中國傳統社會中的文人階層〉，《淡江人文社會學刊》2000 年 10 月。

唐代曾盛極一時。天寶末年進士，大曆七年左右知邢州刺史的
封演在其《封氏聞見記》專科列〈壁記〉一項，云：「朝廷百
司諸廳皆有壁記。」又云，「然則壁記之由，當是國朝以來，始
自臺省，遂流郡邑耳」[40]。謂廳壁記當是唐立朝後，源於中央
的「臺省」，後向「郡邑」自上而下蔓延開來。郭預衡《中國散
文史‧中》寫道，「廳壁之記，雖非古制，卻是盛行於唐代的文
章。其作者之眾，數量之多，為其他朝代所未有」[41]。《全唐
文》所收以孫逖的〈吏部尚書壁記〉為最早，說明盛唐時代廳壁
記已很流行，明確以「壁記」為題的有 81 篇，絕大多數是官廳
壁記。廳壁記的內容主要是陳述官職設立的由來、記錄歷任官
員及政績，大多語言周詳雅正。其刻寫目的，正如顧況〈湖州刺
史廳壁記〉所言，為「鋪張屋壁，設作存勸」。當然，也有少
數「壁記」呈現出個人化的思想傾向，意在言志或抒懷，如韓
愈〈題李生壁〉和韋瓘〈浯溪題壁記〉，兩文皆抒發了於「宦途
蹇薄」的「得喪之際」，或鬱悶或曠達的一時心境。然而不得不
說，儘管不是最主要的功能，廳壁記也具有裝飾美化的作用。
以書家之書法、工匠之雕刻，將文字書寫或鐫刻於壁面之上，
無疑對環境空間發揮了裝飾美化的作用。據了解，唐代一般除
廳南（大門）外，廳東、廳西、廳北皆可為廳壁記，而尤以廳

40　［唐］封演撰，趙貞信校注：《封氏聞見記校注》，中華書局 2005 年版，第 41 頁。
41　郭預衡：《中國散文史‧中》，上海古籍出版社 1993 年版，第 374 頁。

東居多。顧況〈宋州刺史廳壁記〉云：「以房梁公為首，存乎東壁。」劉禹錫〈山南西道節度使廳壁記〉亦云：「我已飾東壁，以新志累子。」[42] 中國古代有「尚左尊東」的觀念，在大多建築廳堂坐北朝南的格局之下，東壁正是在中堂的左側面。儘管廳壁記本身文學性不強，但將廳壁記裝飾於東壁的習慣，表現出的卻是室內空間裝飾中對於文字裝飾的尊崇態度。

　　題壁詩。唐代的題壁詩更是山委雲積，數量眾多，其題寫或鐫刻於磚牆、石壁、木板或屏風之上，構成了空間環境中獨特的人文景觀。唐代詩歌題壁之風大行於世，初唐如王勃、王績、陳子昂、劉希夷等，盛唐如王維、王昌齡、孟浩然、李白、杜甫、韋應物、岑參、高適等，中晚唐如孟郊、白居易、元稹、李商隱、杜牧等，甚至唐玄宗也有兩首題壁詩傳世。《全唐詩》中以「題……壁」為名的詩就有 180 多首，詩人閒居在家、行旅在外、雅集酬唱、遊覽山水等日常活動，都為題寫和鐫刻詩作於各類空間環境提供了機緣，如宋人錢易記，「長安三月十五日兩街看牡丹，獨慈恩寺元果院牡丹先半月開，萬人爭看，裴兵部見而感題於佛殿東壁，詩曰，長安豪貴惜春殘，爭賞街西紫牡丹。別有玉盤承露冷，無人起就月中看」[43]。題詩的地點因時而異，載體也就非常多樣，可以是亭臺樓閣、佛殿

42　劉興超：〈論唐代廳壁記〉，《四川大學學報（哲學社會科學版）》2008 年第 3 期，
　　第 133—137 頁。

43　［宋］錢易：《南部新書》丁卷，中華書局 2002 年版，第 49 頁。

寺館，也可以是酒館、驛站甚至自然的山石。相傳，李白遊黃
鶴樓時詩興大發，正欲揮毫題詩，發現比自己年輕的詩人崔顥
早已在樓上題詩，敗興之餘，寫下了：「眼前有景道不得，崔
顥題詩在上頭。」而崔顥題的詩即是傳誦至今的：「昔人已乘黃
鶴去，此地空餘黃鶴樓。黃鶴一去不復返，白雲千載空悠悠。
晴川歷歷漢陽樹，芳草萋萋鸚鵡洲。日暮鄉關何處是？煙波江
上使人愁。」除了在公共建築上題詩，也在家宅中題詩。如杜甫
有一首〈題郪縣郭三十二明府茅屋壁〉：「江頭且繫船，為爾獨
相憐。雲散灌壇雨，春青彭澤田。頻驚適小國，一擬問高天。
別後巴東路，逢人問幾賢。」錢起的〈題玉山村叟屋壁〉：「谷
口好泉石，居人能陸沉。牛羊下山小，煙火隔雲深。一徑入溪
色，數家連竹陰。藏虹辭晚雨，驚隼落殘禽。涉趣皆流日，將
歸羨在林。卻思黃綬事，辜負紫芝心。」題壁詩作幾乎無人不
能，無處不題。劉禹錫〈碧澗寺見元九侍御和展上人詩有三生
之句因以和〉有句：「廊下題詩滿壁塵，塔前松樹已皴鱗。」在
客途之中、驛館之內，元、白二人以題詩相和的文人之交傳為
佳話：在駱口驛，元稹有〈駱口驛二首〉，白居易和作〈駱口驛
舊題詩〉曰：「唯有多情元侍郎，繡衣不惜拂塵看。」在藍橋驛，
白居易和作〈藍橋驛見元九詩〉云：「每到驛亭先下馬，循牆
繞柱覓君詩。」在武關，白居易有〈武關南見元九題山石榴花見
寄〉，而元稹則和〈酬樂天武關南見微之題山石榴花詩〉曰：「又

更幾年還共到，滿牆塵土兩篇詩。」壁面上的墨痕和刻鏤，見證了兩位詩人交流之默契。當題詩裝飾成為一種風氣，社會各階層都開始仿效。甚至青樓倡肆也以題詩爭門面，《北里志》記載，長安一妓館有名妓王福娘，其室內紅牆已有題詩多首，猶嫌不滿壁，又請孫棨作絕句三首，將壁題滿。值得指出的是，在唐代更有一種「題詩板」是特別多見的詩歌載體。由於詩歌創作的繁榮，唐代很多公共場所懸掛「題詩板」以供題寫，並作裝飾。張祜的〈題靈徹上人舊房〉詩有「寂寞空門支道林，滿堂詩板舊知音」；又如鄭谷〈送進士吳延保及第後南遊〉詩「勝地昔年詩板在，清歌幾處郡筵開」，都寫到了「詩板」。後世詩文中也有記載唐代「題詩板」，如元辛文房的《唐才子傳·章八元》：「初，長安慈恩寺浮圖前後，名流詩版甚多，八元亦題，有云：『初怪鳥飛平地上，自驚人語半天中。』」清馬日璐〈哭泮江太史〉詩「忍看閒房詩板在，暮帆馳影落平田」，都反映了唐朝時「題詩板」的眾多。題詩板之外，還有詩屏。白居易就曾經把元稹的一百首絕句寫在自家的屏風上。作為回應，元稹便在一座寺廟的牆上寫滿了白居易的詩，因此又有了白居易的詩：「君寫我詩盈寺壁，我題君句滿屏風。與君相遇知何處，兩葉浮萍大海中。」[44] 此詩將兩位詩人酬唱之樂與知遇之感躍然而出的同時，也讓人們可以想像和體味唐代由詩所創造出的富有文學趣

44　馬銀川：〈唐宋題壁文學研究〉，南京師範大學碩士論文，2005 年。

味的環境空間裝飾。從空間的設計來看，詩句一旦題於壁上，便與自然山水、亭臺樓閣、楹聯匾額、家具器物形成交織，共同營造了一種環境空間的氛圍，這也是中國特有的園林和居室文化。隨著唐詩影響範圍的擴大和滲透力度的加深，詩文的裝飾形式日漸在社會心理上產生影響，積澱成形，使得詩文在唐代社會成為人們居處必不可少的「裝飾品」，也成為以後歷代中國空間環境設計中的常用手法。

（二）文字瓷

　　唐以前，陶瓷上出現的文字極少，即使有也是以刻印或模印等表現形式存在，多為銘刻款識而非裝飾。直到唐代，隨著長沙窯的興盛，以書寫的詩句文字來裝飾瓷器的手法大興。據李建毛考證，以題寫詩句裝飾瓷器的手法，最早出現在與長沙窯相距不遠的湖南湘陰嶽州窯器物上，長沙窯的詩文裝飾是對岳州窯的繼承和學習。李先生舉證，湘陰縣城曾出土一件青瓷碗，內底貼塑一鳥，碗內下腹有戳印團花紋，上腹飾兩組複線弦紋，兩組弦紋之間劃有小方格紋，方格內填有刻寫的五言詩一首：「市朝非我志，山水得余情。琴逐啼鳥□，酒共落花傾。」[45] 不過，岳州窯題詩的書寫方式仍為刻畫，不同於長沙窯是以毛筆蘸彩書寫，前者仍然顯示出由兩晉青瓷文字刻印模印方式過渡而來的特點，而後者的書寫方式更能夠展現出唐代文

45　轉引自李建毛：〈長沙窯瓷題文雜識〉，《文物天地》2015 年第 9 期，第 45 頁。

學化社會中文人書寫方式的影響。

　　長沙窯裝飾詩文內容豐富多樣，包括言志詩、情境詩、佛家偈語、警句箴言，甚至還有帶有商業廣告意味的茶酒讚詠詩句。如有詩云：「人歸萬里外，心畫一杯中。只慮前途遠，開帆待好風。」似為表達商旅途中主人翁堅定豪邁的氣概。又有詩云：「離國離家整日愁，一朝白盡少年頭。為轉親故知何處，南海南邊第一州。」應為傾訴離家南遊的遊子惆悵消沉的心緒。還有詩云：「造得家書經兩月，無人為我送將歸。欲憑鴻雁寄將去，雪重天寒雁不飛。」則是描寫因為漂泊在外，無法與家人互通訊息而引發的濃濃鄉愁。而愛情更是亙古不變的主題，有詩唱嘆與戀人因年齡懸殊而不能長相廝守的遺憾，曰：「君生我未生，我生君已老。君恨我生遲，我恨君生早。」還有詩是與戀人離別後，因無法追隨而無心調弄絲竹的嗟怨：「君去遠秦川，無心戀管弦。空房對明月，心在白雲邊。」無論是客途羈旅，還是日常生活，人生的遭際總會觸發心靈的悸動，長沙窯往往將這些頗具文人意味的感遇抒懷和言情怨別的詩文，以毛筆手書的形式直接題寫在器物表面。當然，瓷器上的詩文也並非全部都如此含蓄典雅，不少詩句的文字透露出率真質樸，甚至市井通俗的氣息。如「道別即須分，何勞說苦辛。牽牛石上過，不見有蹄痕（啼恨）」。生動通俗的表達中，還用了諧音的手法增添趣味。詩文中，口語化的表達非常多見，如「作客來多日，常懷

一肚愁。路逢千丈木，堪作望鄉樓」中的「一肚」是非常具有生活氣息的口語詞。還有一些詩文表達的內容具有世俗性，如教人如何處事的「害人之心不可有，防人之心不可無」、教人如何規範言行的「言滿天下無口過」和「行滿天下無怨惡」，更有反映現實世態的「古人車馬不謝，今時寸草須酬」，都是以近於俗諺的口語化表達勸導和警醒的內容。

在長沙窯所有瓷器上，詩文都是題寫於器物最為顯眼的主體部分，並且，詩文構成的圖像大多占據器物表面至少一半以上的空間。這種圖像特徵反映了文學對裝飾設計的絕對控制。作為以民間用瓷和外銷瓷為主要銷路的長沙窯，其消費族群都是處於社會中層及以下的平民階層，長沙窯的器物，無疑是至為普通、至為平常的日用器物。而詩歌直接作為裝飾設計的題材內容出現在日常用物的表面，顯示出詩的普及和文學的下行。儘管作為唐代進士科舉考核內容的詩賦，是居於廟堂之上的雅文化代表，但其在器物上的直接出現，則是具有大眾化和通俗化意義的一步。這一現象正好對前文所論述的唐代「文學化社會」之說，形成了一個完美的注解。以詩歌為主體的唐代文學藝術創作和傳播的繁榮，是唐代整個社會的文明水準提升的表徵。正如有學者說，「一個社會的文明化程度高低，雖有多種衡量尺規，但對詩歌與音樂之酷愛與醉心，無疑是一個重要指

數」[46]。從長沙窯的文字瓷來觀察，唐代全社會文明程度和水準的提升，與雅文化的通俗化和大眾化，正好是同時發生的雙向運動和變化。

除題壁文學和文字瓷之外，其他器物也有以律詩和律賦為裝飾的，比如銅鏡。從《全唐詩補編》收錄的多首鏡銘詩來看，當時在銅鏡反面鐫刻詩歌的手法應為常見。譬如，其中就有以漢代劉向《列仙傳》中秦穆公為其女兒弄玉建鳳樓之典故來作鏡銘詩的，詩云：「偏識秦樓意，能照玉妝成。花發無冬夏，臨臺曉夜明。」以此用典來祝福銅鏡的主人不僅美貌，而且能擁有人世間的親情和關愛。

建築或器物之上加以文字裝飾在唐以前雖已多見，但以完整篇幅的文學作品作為裝飾內容的，卻只首發於唐代。並且，無論是題壁文學、文字瓷、鏡銘詩或者其他器物上的詩文裝飾，其內容都是關乎世俗生活的，與之前的文字功能完全不同。如商周青銅器刻銘文以記功載德，秦漢陶瓦、銅鏡模印文字以祈福納吉，其文字都只是發揮了其語言和符號的功能，而沒有作為文學作品而獨立存在。可以說，詩賦作為唐代器物的裝飾是完全不同於此前的文字裝飾的，唐代器物之上的詩賦本身是超越了其語言和符號功能的文學欣賞客體，這進一步顯示了文學性在器物裝飾上發揮的強大作用。

46　李浩：〈唐代「詩賦取士」說平議〉，《文史哲》2003 年第 3 期。

第四節
名物及品第：《茶經》中的器用之美

　　中國是茶的原產地，飲茶也是中國由來已久的傳統。在食醫合一的歷史時期，茶類植物因其清神止渴、消食除瘴等藥用功能為人們所發現。巴蜀地區的人首先「煎茶」服用以除瘴氣，解熱毒，後久服成習，成為一種日常飲料。巴蜀地區向為疾疫多發的「煙瘴」之地，「番民以茶為生，缺之必病」（清‧周藹聯《竺國遊記》卷二）。茶從藥用轉化為日常飲料，嚴格意義的「茶」便隨之產生了。郭璞注《爾雅‧釋木》「檟」云：「樹小如梔子，冬生葉，可煮作羹飲。今呼早採者為荼、晚取者為茗，一名荈，蜀人名之苦茶。」可見，漢時「荼」字已有特指飲料「茶」的讀音了，「茶」從「荼」中分離了出來。廣泛的飲茶從何時開始，眾說不一。西漢時已有飲茶之事的文獻記載。魏晉南北朝時期，隨著佛教傳入、道教興起，飲茶與佛道二教連結起來。道家視飲茶為助煉「內丹」，升清降濁的辦法；佛家認為茶是禪定入靜的必備之物。茶成為社會各階層中普及性的飲品，是在唐代陸羽的《茶經》傳世以後，宋人詩云「自從陸羽生人間，人間相學事春茶」。《茶經》系統總結了唐代及以前茶的生產和飲用，提出了「精行儉德」的茶道精神，講究飲茶用具、飲茶用水和煮茶藝術，並與儒、道、佛哲學思想交融。煎茶法是唐代飲茶的主流方式，先將茶葉蒸壓成茶餅貯存，在煎茶前

將茶餅碾碎，烤熱並研成細末，再事烹煎。煎茶須用風爐和釜作燒水器具，煮茶時加適量的鹽調味，隨時用器具舀去浮在表面的水膜，根據情況用竹筴在沸水中邊攪邊投入碾好的茶末，幾次沸騰後舀出茶湯用碗盛裝並趁熱飲用。唐代的廣泛飲茶和煎茶法的流行，促成了一種由精神到行為、再到器具的茶文化的形成，其中陸羽的《茶經》發揮了關鍵性作用。

　　陸羽（西元 733 至 804 年），唐復州竟陵人，精於茶事，以《茶經》一書聞名於世。《新唐書·陸羽傳》記：「羽性嗜茶，著經三篇，言茶之原、之法、之具尤備，天下益知飲茶矣。」西元 760 年為避「安史之亂」，陸羽隱居湖州苕溪，在調查和分類的基礎上，研究總結了前人和當時茶事的相關經驗和情況，寫成了《茶經》一書。此書於唐德宗建中元年（西元 780 年）問世，全書凡三卷十章，計 7,000 餘字，結構嚴謹、行文簡約。十章依次為：一茶之源、二茶之具、三茶之造、四茶之器、五茶之煮、六茶之飲、七茶之事、八茶之出、九茶之略、十茶之圖，將茶葉之來歷、採茶、製茶、飲茶、茶具、茶史等全部囊括在內。其中，「茶之器」談煮茶、飲茶的器具，計 1,800 餘字。如上所述，中唐以後隨著飲茶之風漸盛，「茶道」的概念開始出現。皎然在〈飲茶歌誚崔石使君〉中首提「茶道」，「道」之表述，說明茶事在社會生活中已超越了普通的飲食活動，而成為一種具有精神性和審美性的行為。陸羽言：「茶有九難：一

日造，二日別，三日器，四日火，五日水，六日炙，七日末，八日煮，九日飲。」其中，器具服務於茶事活動，看似不在中心位置，卻是必不可少之環節，也是最能反映物質文化和生活方式的環節。看《茶經·四之器》全文如下：

1. 風爐：以銅鐵鑄之，如古鼎形，厚三分，緣闊九分，令六分虛中，致其圬墁，凡三足。古文書二十一字：一足云「坎上巽下離於中」，一足云「體均五行去百疾」，一足云「聖唐滅胡明年鑄」。其三足之間設三窗，底一窗，以為通飆漏燼之所，上並古文書六字：一窗之上書「伊公」二字，一窗之上書「羹陸」二字，一窗之上書「氏茶」二字，所謂「伊公羹陸氏茶」也。置墆㙞於其內，設三格：其一格有翟焉，翟者，火禽也，畫一卦曰離；其一格有彪焉，彪者，風獸也，畫一卦曰巽；其一格有魚焉，魚者，水蟲也，畫一卦曰坎。巽主風，離主火，坎主水。風能興火，火能熟水，故備其三卦焉。其飾以連葩、垂蔓、曲水、方文之類。其爐或鍛鐵為之，或運泥為之，其灰承作三足，鐵柈臺之。

2. 筥：以竹織之，高一尺二寸，徑闊七寸，或用藤作，木楦，如筥形，織之六出，固眼其底，蓋若利篋口鑠之。

3. 炭撾：以鐵六棱製之。長一尺，銳一豐，中執細頭，繫一小鐝，以飾撾也。若今之河隴軍人木吾也。或作鎚，或作斧，隨其便也。

203

4. 火筴：一名箸，若常用者圓直一尺三寸，頂平截，無蔥臺
   勾鎖之屬，以鐵或熟銅製之。

5. 鍑：以生鐵為之，今人有業冶者，所謂急鐵。其鐵以耕刀
   之趄煉而鑄之，內摸土而外摸沙。土滑於內，易其摩滌；
   沙澀於外，吸其炎焰。方其耳，以正令也。廣其緣，以務
   遠也。長其臍，以守中也。臍長則沸中；沸中則末易揚，
   末易揚則其味淳也。洪州以瓷為之，萊州以石為之。瓷與
   石皆雅器也，性非堅實，難可持久。用銀為之，至潔，但
   涉於侈麗。雅則雅矣，潔亦潔矣，若用之恆，而卒歸於銀也。

6. 交床：以十字交之，剜中令虛，以支鍑也。

7. 夾：以小青竹為之，長一尺二寸。令一寸有節，節已上剖
   之，以炙茶也。彼竹之筱，津潤於火，假其香潔以益茶味，
   恐非林谷間莫之致。或用精鐵、熟銅之類，取其久也。

8. 紙囊：以剡藤紙白厚者夾縫之，以貯所炙茶，使不泄其香也。

9. 碾：以橘木為之，次以梨、桑、桐、柘為臼。內圓而外方。
   內圓，備於運行也，外方，制其傾危也。內容墮而外無餘木，
   墮形如車輪，不輻而軸焉。長九寸，闊一寸七分。墮徑三
   寸八分，中厚一寸，邊厚半寸。軸中方而執圓。其拂末，
   以鳥羽製之。

10. 羅合：羅末以合蓋貯之，以則置合中，用巨竹剖而屈之，
    以紗絹衣之。其合以竹節為之，或屈杉以漆之。高三寸，

蓋一寸，底二寸，口徑四寸。

11. 則：以海貝蠣蛤之屬，或以銅、鐵、竹匕、策之類。則者，量也，準也，度也。凡煮水一升，用末方寸匕。若好薄者減之，嗜濃者增之，故云則也。

12. 水方：以稠木、槐、楸、梓等合之，其裡並外縫漆之。受一斗。

13. 漉水囊：若常用者，其格以生銅鑄之，以備水溼，無有苔穢腥澀。意以熟銅苔穢、鐵腥澀也。林棲谷隱者，或用之竹木。木與竹非持久涉遠之具，故用之生銅，其囊，織青竹以捲之，裁碧縑以縫之，紐翠鈿以綴之，又作綠油囊以貯之。圓徑五寸，柄一寸五分。

14. 瓢：一曰犧杓，剖瓠為之，或刊木為之。晉舍人杜毓〈荈賦〉云：「酌之以匏。」匏，瓢也，口闊，脛薄，柄短。永嘉中，餘姚人虞洪入瀑布山採茗，遇一道士云：「吾丹丘子，祈子他日甌犧之餘，乞相遺也。」犧，木杓也，今常用以梨木為之。

15. 竹筴：或以桃、柳、蒲、葵木為之，或以柿心木為之。長一尺，銀裹兩頭。

16. 鹺簋：以瓷為之，圓徑四寸。若合形，或瓶或罍，貯鹽花也。其揭竹製，長四寸一分，闊九分。揭，策也。

17. 熟盂：以貯熟水，或瓷或砂。受二升。

18. 碗：越州上，鼎州次，婺州次，岳州次，壽州、洪州次。或者以邢州處越州上，殊為不然。若邢瓷類銀，越瓷類玉，邢不如越一也；若邢瓷類雪，則越瓷類冰，邢不如越二也；邢瓷白而茶色丹，越瓷青而茶色綠，邢不如越三也。晉人杜毓〈荈賦〉所謂：「器擇陶揀，出自東甌。」甌，越也。甌，越州上，口唇不捲，底捲而淺，受半升已下。越州瓷、岳瓷皆青，青則益茶，茶作白紅之色。邢州瓷白，茶色紅；壽州瓷黃，茶色紫；洪州瓷褐，茶色黑；悉不宜茶。

19. 畚：以白蒲捲而編之，可貯碗十枚，或用筥。其紙帕以剡紙夾縫令方，亦十之也。

20. 札：緝栟櫚皮，以茱萸木夾而縛之，或截竹束而管之，若巨筆形。

21. 滌方：以貯滌洗之餘。用楸木合之，制如水方，受八升。

22. 滓方：以集諸滓，制如滌方，處五升。

23. 巾：以絁布為之。長二尺，作二枚，互用之，以潔諸器。

24. 具列：或作床，或作架，或純木、純竹而製之；或木或竹，黃黑可扃而漆者。長三尺，闊二尺，高六寸。具列者，悉斂諸器物，悉以陳列也。

25. 都籃：以悉設諸器而名之，以竹篾內作三角方眼，外以雙篾闊者經之，以單篾纖者縛之，遞壓雙經，作方眼，使玲瓏。高一尺五寸，底闊一尺，高二寸，長二尺四寸，闊二尺。

可以看到，《茶經・四之器》全面而細膩的描述和歸納了中唐時期茶事之專用器物，有名物學之功；並且，其中對「碗」的論級品評，開器物品評「品第式」方法之先河，顯示出對魏晉以來藝術批評品第之法的承接，代表「品第式」批評在唐代設計審美中的出現。

一、名物之功

「名物」一詞，最早見於《周禮》，其中有解釋天官的官屬「庖人」：「庖人掌共六畜六獸六禽。辨其名物。」而名物學的歷史可以上溯至漢代的訓詁學，最早著錄於《漢書・藝文志》的《爾雅》，代表著儒家在士人學識修養上對格物窮理的要求；漢代劉熙編的《釋名》八卷，以解釋物的名稱為目的，比《爾雅》著重訓詁的方法更具體，更能在詞源的基礎上，描述事物的形態和功能特性。[47] 對「名」的內涵及演變、「名」與「物」的對應關係的探討，滿足了儒家「博物不惑」的自我追求。本書前文在討論「漢賦中的設計美」時，就已經注意到了在漢代「博物」風氣帶動下，賦體文學中含括萬物、無所不摹的「詠物小賦」。事實上，對於「名」與「物」的關注和研究在此後一直延續不輟，明代的名義學、清代的考據學都與此直接有關。如果用今天的學術話語來概括，「名物學最重要的內涵，是名稱與器物的

47　如《釋名》中有「釋首飾」，「粉，分也。研米使分散也」。

對應和演變，在演變過程中，名與實由對應到偏離，其中的原因及意義。因此它所要解決的，第一是努力還原器物或紋飾當日的名稱，以發現緣起與改變中所包含的各種轉換關係。第二是尋找圖式的形成脈絡，即一種藝術語彙經由發生、發展、變異、演化，而固定為程式的整個過程」[48]。揚之水先生的概括特別強調了名實關係和器物的形式，還強調了發生、發展和變化的過程，研究意識非常強。的確，在關於器物的知識，累積到我們今天的時代，名物學的研究內容和深度的要求也在不斷擴充和加深。但無論如何，在名物之中，器物用品「名」的源流、器物用品的「名」與「實」如何、器物用品和人的使用關係、器物使用涉及的文物典章制度和社會風俗等幾個方面是非常主要的。

　　《茶經·四之器》在唐代的飲茶方式和風氣之下，建立了最早的茶器名物體系。唐以前人們雖然也飲茶，但觀念上還多數以茶為藥、以茶為羹，且使用的是野生茶葉。漢魏六朝的飲茶法是煮茶而飲之，誠如皮日休所言，「渾而烹之」，煮成濃厚的羹湯而飲。東晉杜毓作〈荈賦〉，其中寫道：「水則岷方之注，挹彼清流。器擇陶揀，出自東甌。酌之以匏，取式公劉。惟茲初成，沫沉華浮。煥如積雪，曄若春敷。」既「酌之以匏」，以匏瓢舀茶湯，當在鼎、釜中煮茶，最後用匏瓢舀到「出自東甌」

48　揚之水：《曾有西風半點香：敦煌藝術名物叢考》，生活·讀書·新知三聯書店 2012 年版，第 282 頁。

的甌或碗中飲用。說明那時還沒有專門的煮茶、飲茶器具，是在鼎、釜中煮茶，用食碗飲茶。《茶經·四之器》成書的中唐時期，正是飲茶方式由「煮茶」變為「煎茶」，飲茶風氣轉入大眾、民間並逐漸濃厚的時代。詩歌中關於飲茶生活的內容非常多見，如劉禹錫〈西山蘭若試茶歌〉有「驟雨松聲入鼎來，白雲滿碗花徘徊」。皎然〈對陸迅飲天目山茶因寄元居士晟〉詩有「文火香偏勝，寒泉味轉嘉。投鐺湧作沫，著碗聚生花」。白居易〈睡後茶興憶楊同州〉詩有「白瓷甌甚潔，紅爐炭方熾。沫下曲塵香，花浮魚眼沸」。司空圖〈偶詩五首〉有「中宵茶鼎沸時驚，正是寒窗竹雪明。甘得寂寥能到老，一生心地亦應平」。說明飲茶之風甚為濃厚，烹茶、飲茶之法應該也較為程序化了。陸羽在《茶經·九之略》中寫道，「但城邑之中，王公之門，二十四器闕一，則茶廢矣」。即是，隨著飲茶生活方式逐漸成熟和突顯其重要性，飲茶器具也專門化了，飲茶之士須具備二十四式茶器，方可稱為茶道。與陸羽同時代的封演也在《封氏聞見錄》卷六中載：「陸羽說茶之功效並煎茶、炙茶之法，造茶具二十四事，以都統籠貯之，遠近傾慕，好事者家藏一副。」可見，當時講究品茗的方家，已將陸羽的二十四式茶器及都籃視為必備之煮飲茶器了。這二十四式茶器即是：風爐、筥、炭撾、火筴、鍑、交床、夾、紙囊、碾、羅合、則、水方、漉水囊、瓢、竹筴、鹺簋、熟盂、碗、畚、札、滌方、滓方、巾

和具列，加上用於收納攜帶的都籃，正好有二十五樣物品。二十四式茶器分別服務於已經程序化的備器、炙茶、碾羅、擇水、取水、候湯、煎茶、酌茶和啜飲的每個環節，具備烹煎、碎茶、清潔、飲用和收納等幾大類功能。唐代飲茶「煎而飲之」的方式，相較於「煮而飲之」的方式，是一種新的飲茶方式，因而，二十四式茶器中大多也都是當時新創。由於是新使用條件下的新創，其淵源傳承也就無法敘述，《茶經‧四之器》中的名物敘述，往往遵循著名稱、材質、形制、做法和功能的表達方式，著重的是對飲茶生活具體的指引。

名物學對器物的研究，更能昭示器物在整個社會中的位置，是廣義的物質文化史和社會生活史的一部分。《茶經‧四之器》中的名物敘述，透過器物文化的建構，向「更寬廣的歷史、社會脈絡」展開了延伸的可能性，使得茶器的審美得以呈現，也使得飲茶方式乃至生活方式背後的社會動因有可能呈現。中唐以後，飲茶風氣逐漸盛於飲酒，飲茶被視為具有修身養性之功的生活方式，經僧人和文士傳播開來，這反映了中唐以後思想領域回歸靜觀內省的傾向。正如陸羽在《茶經‧一之源》中對茶道精神「精行儉德」的表述，飲茶行為因寄寓了個人的人生情志和道德，而更具備了走向高雅化的條件，其流布傳播的社會基礎，也正反映了那個時代的精神走向和文化選擇。名物之「物」是歷史的生活之物，對於「物」的研究，理想狀態是在知

識性和歷史性上統一。透過《茶經·四之器》中的名物敘述，或許我們可以得到更多。

二、品第之法

以劃分等級和評價優劣為特徵的品第之法，是唐代以前就已在文學和藝術鑑賞批評中形成和運用的方法。確切的說，品第之法形成於魏晉南北朝，在文學、書法和繪畫的鑑賞批評中都有出現。鍾嶸的《詩品》、庾肩吾的《書品》和謝赫的《畫品》（古畫品錄），分別是各藝術領域品第式批評的代表著作。在《詩品》中，鍾嶸借用漢代「九品論人，七略裁士」的方法，將詩人分為三品，再在三品中論高下。在《書品》中，庾肩吾將123位書家分成上上、上中、上下、中上、中中、中下、下上、下中、下下九品。而謝赫的《畫品》，分六品來品評吳、晉、宋、齊、梁間的27位畫家。儘管品級不盡相同，但其都是根據「三六九數」來建構模式，這其中的緣由在於「九品中正制」的影響。「九品中正制」是從東漢到魏晉南北朝時期提拔、推薦官吏的體制，其採用清議與品第的方法，將道德文章出色的人推薦出來。為了保證對清議的監督，在曹魏時代，曹操提出由朝廷委派一批中正官來控制清議，選拔官吏都由中正官來作評論，根據品藻分成三品九等 —— 上上品、上中品、上下品、中上品、中中品、中下品、下上品、下中品、下下品，形成完整的「九品中正制」。隋統一後，改革了「九品中正制」，透過科

舉取士並在中央確立三省六部；唐承隋制，「九品中正制」遂退出歷史舞臺。

　　然而，「九品中正制」的品第之法，卻仍然在此後的鑑賞批評領域發生著影響。《茶經·四之器》中就採用了非常典型的品第法來品評茶碗，即前面引文中提到的：「越州上，鼎州、婺州次；岳州上，壽州、洪州次……悉不宜茶。」在陸羽看來，茶碗最宜用越窯青瓷，其後則依次是鼎州窯、婺州窯、岳州窯、壽州窯和洪州窯。在以「南青北白」而聞名的唐代陶瓷中，邢窯白瓷當然很重要，但卻不在品級之中。於是，陸羽特地將邢窯與越窯做了詳細的對比，從色彩肌理的審美聯想、茶色與釉色映襯的視覺效果兩個方面，指出在作為茶碗方面，邢窯不如越窯的理由。若論青瓷與白瓷的比較，其產地及文化向來關鍵。北齊就已出現的白瓷與北方的審美，在內涵上彷彿承載著北方的生活方式；而濫觴於長江中下游的青瓷與南方的人文環境在精神氣質上一致，代表著南方的生活方式。正如民間有人認為，白瓷宜酒、青瓷宜茶，表面上是對器物與物性（酒與茶）的相宜性探討，實質上可以延伸至從器物、生活方式到審美和人文對地域差異的表達。邢窯之外，陸羽對其他幾個進入品級的窯口也給出了評級高下的原因，整體來看，也都是各窯口茶碗的釉質釉色與茶色是否相稱的標準，即能夠以相似色映襯茶色的釉色級別高，而以對比反差色牽制茶色的釉色級別低。

第四節　名物及品第：《茶經》中的器用之美

「中國傳統的文藝批評往往不是在經過分析後給出定性的判斷，而是傾向於在錯綜縱橫的關係中確定對象的地位。」[49] 如前所述，這種在關係中尋找和確立品級優劣的「品第式」方法，在魏晉南北朝時期就已在文學和藝術領域奠定了基礎。造物設計的品第式批評，相比較而言，更著重在描述形式特徵的前提下辨明風格和鑑別高下，即如鍾嶸《詩品》所言「顯優劣以證品第」。《茶經》中對茶碗的品級，是品第式批評在唐代的繼承和發展，也是最有代表性的一篇。陸羽運用了「品第高下」的批評方法，在互相的比較之中為「碗」置品級、顯優劣，表達出其對茶器的審美判斷。此外，品第式批評在唐代品賞奇峰怪石的社會風氣之中也多有出現。白居易在其〈太湖石記〉中記載，宰相牛僧孺痴嗜太湖石，就曾把太湖石峰從大到小分為甲、乙、丙、丁四類，每類分別品評上、中、下三等，並刻於石上。可見，《茶經》品第式的設計審美評價在唐代不是孤例。

49　彭聖芳：《微言：晚明設計批評的文人話語》，上海人民出版社 2014 年版，第 244頁。

第四章　隋唐五代時期的設計美學

參考文獻

古籍：

1. 2011 年。《點校本二十四史》。北京：中華書局。
2. 1997 年。《十三經注疏》。上海：上海古籍。
3. 2018 年。《新編諸子集成》。北京：中華。
4. 上海古籍出版社編。《漢魏六朝筆記小說大觀》。
5. 中華書局編。《唐宋史料筆記叢刊》。
6. 上海書店出版社編。《宋元譜錄叢編》。
7. 上海古籍出版社編。《明清小品叢刊》。
8. 香港中文大學、中國第一歷史檔案館編（2007）。《清宮內務府造辦處檔案總匯》影印本。北京：人民。
9. ［漢］劉熙撰（1985）。《釋名》。北京：中華書局。
10. ［梁］蕭統編［唐］李善注釋（1997）。《文選》。北京：中華書局。
11. ［梁］劉勰著，范文瀾注釋（1958）。《文心雕龍》。北京：人民文學。
12. ［北魏］楊衒之（1986）。《洛陽伽藍記》。《文淵閣四庫全書》。臺北：商務印書館。
13. ［晉］葛洪著，楊明照校箋（1997）。《抱朴子外篇校箋》（上、下）。北京：中華書局。
14. ［晉］葛洪著，王明校釋（1985）。《抱朴子內篇校釋》。北京：中華書局。
15. ［南朝宋］劉義慶撰［梁］劉孝標注，余嘉錫箋疏（2011）。《世說新語箋疏》。北京：中華書局。
16. ［南朝宋］謝靈運著，顧紹柏校注（1987）。《謝靈運集校注》。河南：中州古籍。
17. ［宋］李昉等編（1960）。《太平御覽》。北京：中華書局。
18. ［宋］程顥、程頤著，王孝魚點校（1981）。《二程集》。北京：中華書局。

參考文獻

19. ［宋］葉夢得（1983）。《避暑錄話（下）》。《叢書集成初編》。北京：中華書局。
20. ［明］袁宏道著，錢伯城箋校（2008）。《袁宏道集箋校》。上海：上海古籍。
21. ［清］彭定求等編（1960）。《全唐詩》。北京：中華書局。
22. ［清］董浩等（1983）。《全唐文》。北京：中華書局。

著作：

1. 北京大學哲學系美學教研室編（1980）。《西方美學家論美和美感》。上海：商務印書館。
2. 清華大學圖書館科技史研究組編（1981）。《中國科技史資料選編》。北京：清華大學。
3. 諸葛鎧（1992）。《圖案設計原理》。南京：江蘇美術。
4. 朱志榮（2009）。《夏商周美學思想研究》。北京：人民。
5. 王子今（2006）。《秦漢社會史論考》。上海：商務印書館。
6. 呂思勉（2005）。《兩晉南北朝史》。上海：上海古籍。
7. 7. 劉大傑（2000）。《魏晉思想論》。上海：上海古籍。
8. 葛兆光（2001）。《中國思想史》。上海：復旦大學。
9. 柳詒徵（2010）。《中國文化史》。湖南：岳麓書社。
10. 馮天瑜、何曉明（2005）。《中華文化史》。上海：上海人民。
11. 費孝通主編（1999）。《中華民族多元一體格局》。北京：中央民族大學。
12. 童書業（2005）。《中國手工業商業發展史》。北京：中華書局。
13. 沈從文（2011）。《中國古代服飾研究》。上海：商務印書館。
14. 孫機（2014）。《中國古代物質文化》。北京：中華書局。
15. 龔克昌（1990）。《漢賦研究》。山東：山東文藝。
16. 郭廉夫、毛延亨（2008）。《中國設計理論輯要》。南京：江蘇美術。
17. 夏燕靖（2018）。《中國古代設計經典論著選讀》。南京：南京師範大學。

18. 倪健林、張抒編著（2002）。《中國工藝文獻選編》。山東：山東教育。

19. 包銘新（2006）。《中國染織服飾史文獻導讀》。上海：東華大學。

20. 尚剛（2012）。《古物新知》。北京：生活‧讀書‧新知三聯書店。

21. 趙豐主編（2005）。《中國絲綢通史》。江蘇：蘇州大學。

22. 揚之水（2012）。《曾有西風半點香：敦煌藝術名物叢考》。北京：生活‧讀書‧新知三聯書店。

23. 李修建（2010）。《風尚—魏晉名士的生活美學》。北京：人民。

24. 張鵬（2018）。《遼金皇家藝術工程研究》。浙江：浙江大學。

25. 上海博物館編（2013）。《青花的世紀：元青花與元代的歷史、藝術、考古》。北京：北京大學。

26. 毛文芳（2000）。《晚明閒賞美學》。臺北：學生書局。

27. 姚國宏（2017）。《權力知識研究：一種後知識話語的理解》。上海：上海三聯書店。

28. 范英豪（2014）。《審美碰撞輝煌的朝代：魏晉南北朝設計藝術與文化研究》。北京：人民。

29. 林歡（2013）。《宋代古器物學筆記材料輯錄》。上海：上海人民。

30. ［美］薛愛華（Edward Hetzel Schafer）（2016）。《撒馬爾罕的金桃—唐代舶來品研究》。北京：社會科學文獻。

31. ［俄］安納多里‧帕夫洛維奇‧捷連吉耶夫‧卡坦斯基著，崔紅芬、文志勇譯（2006）。《西夏物質文化》。北京：民族。

32. ［美］凡勃倫著，蔡受百譯（1997）。《有閒階級論—關於制度的經濟研究》。上海：商務印書館。

33. ［法］尚‧布希亞著，林志明譯（2001）。《物體系》。上海：上海人民。

34. ［法］讓‧鮑德里亞著，夏瑩譯（2009）。《符號政治經濟學批判》，南京：南京大學。

35. ［法］蜜雪兒‧福柯著，謝強、馬月譯（1998）。《知識考古學》。北京：生活‧讀書‧新知三聯書店。

參考文獻

36. ［法］蜜雪兒・福柯著，劉北城、楊遠嬰譯（2003）。《規訓與懲罰》。北京：生活・讀書・新知三聯書店。
37. ［英］李約瑟（1978）。《中國科學技術史》。北京：科學。

論文：

1. 后俊德（1996）。〈楚文物與《考工記》的對照研究〉。《中國科技史料》。第 17 卷第 1 期。
2. 昝風華（2006）。〈漢賦器物描寫與漢代風俗文化〉。《廣西社會科學》。第 2 期。
3. 鍾仕倫（2015）。〈從王導營造建康城看魏晉美學思想的轉折〉。《雲南師範大學學報（哲學社會科學版）》。第 5 期。
4. 張學鋒（2009）。〈六朝建康城的研究、發掘與復原〉。《蔣贊初先生八秩華誕頌壽紀念論文集》。北京：學苑。
5. 賀雲翱、邵磊（2004）。〈南京毗盧寺東出土的六朝時代瓷器和瓦當〉。《東南文化》。第 6 期。
6. 吳河清（2011）。〈論唐代廳壁記的文獻價值〉。《河南大學學報（社會科學版）》。第 3 期。
7. 齊東方（2017）。〈「黑石號」沉船出水器物雜考〉。《故宮博物院院刊》。第 3 期。
8. 彭兆榮（2014）。〈「詞與物」：博物學的知識譜系〉。《貴州社會科學》。第 6 期。
9. 夏鼐（1982）。〈夢溪筆談中的喻皓木經〉。《考古》。第 1 期。
10. 閆月珍（2005）。〈作為道家傳統的以物觀物與中國詩學的美感經驗〉。《浙江學刊》。第 1 期。
11. 裴亞靜（2011）。〈首都博物館館藏仿古瓷器述論〉。《首都博物館論叢》。第 00 期。
12. 楊伯達（1983）。〈女真族「春水」「秋山」玉考〉。《故宮博物院院刊》。第 2 期。
13. 王龍（2018）。〈西夏文獻中的回鶻—絲綢之路背景下西夏與回鶻關

係補證〉。《寧夏社會科學》。第 1 期。

14. 朱偉珏（2008）。〈象徵差異與權力：試論布迪厄的象徵支配理論〉。《社會》。第 3 期。

15. 畢傳龍（2015）。〈雍乾時期的手工技藝觀念新視角—西方傳教士與清宮琺瑯作手工行業知識傳承〉。《創新》。第 3 期。

16. 朱家溍（2000）。〈《養心殿造辦處史料輯覽》前言〉。《故宮博物院院刊》。第 4 期。

17. 張言夢（2005）。《漢至清代〈考工記〉研究和注釋史述論稿》。南京：南京師範大學博士論文。

電子書購買

國家圖書館出版品預行編目資料

中國設計美學史：先秦時期至隋唐五代：王權社
會 × 南北分化 × 胡漢融合，從史前的審美意
識到設計美學觀異域化 / 彭聖芳著 . -- 第一版 .
-- 臺北市：崧燁文化事業有限公司 , 2022.06
　　面；　公分
POD 版
ISBN 978-626-332-440-4(平裝)
1.CST: 中國美學史 2.CST: 設計
180.92　　111008486

中國設計美學史——先秦時期至隋唐五代：王權社會 × 南北分化 × 胡漢融合，從史前的審美意識到設計美學觀異域化

臉書

作　　　者：彭聖芳

發 行 人：黃振庭

出 版 者：崧燁文化事業有限公司

發 行 者：崧燁文化事業有限公司

E - m a i l：sonbookservice@gmail.com

粉 絲 頁：https://www.facebook.com/sonbookss/

網　　　址：https://sonbook.net/

地　　　址：台北市中正區重慶南路一段六十一號八樓 815 室
Rm. 815, 8F., No.61, Sec. 1, Chongqing S. Rd., Zhongzheng Dist., Taipei City 100, Taiwan

電　　　話：(02) 2370-3310　　傳　　　真：(02) 2388-1990

印　　　刷：京峯彩色印刷有限公司（京峰數位）

律師顧問：廣華律師事務所 張珮琦律師

——版權聲明——

本書版權為山西教育出版社所有授權崧博出版事業有限公司獨家發行電子書及繁體書繁體字版。若有其他相關權利及授權需求請與本公司聯繫。

定　　　價：299 元

發行日期：2022 年 06 月第一版

◎本書以 POD 印製